Das Gebetsbuch

Handbuch zum Islamischen Gebet

CEMİL ŞAHİNÖZ

Das Gebetsbuch

Handbuch zum Islamischen Gebet

CEMİL ŞAHİNÖZ

Herausgeber: Ekrem Altıntepe
Umschlagsgestaltung: Kenan Bıyıklı
ISBN: 978-975-269-573-3
Herausgeber Zertifikats-ID: 12403
Drucken Zertifikats-ID: 16106
Auflage: Şubat 2014
Druck und Bindung: Nesil Matbaacılık Yayıncılık San. ve Tic. A.Ş.
Beymer San. Sit., 2. Cd., No: 23
Yakuplu-Beylikdüzü / İstanbul
Tel: +90 212 876 38 68 pbx

NESİL

Sanayi Cd. Bilge Sk. No: 2 Yenibosna
34196 Bahçelievler / İstanbul
Tel: 0212 551 32 25 www.nesilyayinlari.com
Faks: 0212 551 26 59 nesil@nesilyayinlari.com

Das Gebetsbuch

Handbuch zum Islamischen Gebet

CEMİL ŞAHİNÖZ

NESİL

CEMİL ŞAHİNÖZ

e-mail: cemil.sahinoez@o2online.de

Der Autor Cemil Şahinöz (Dipl. Soziologe, Familienberater, Integrationsbeauftragter, Doktorand der Theologie; geboren 1981) ist Gründer und Chefredakteur der Zeitschrift "Ayasofya". Er hat verschiedene Bücher übersetzt und verfasst. Sein erstes Buch schrieb er mit 15 Jahren und mit 16 Jahren brachte er seine erste monatliche Zeitschrift heraus. Sein Aufsatz "Situation der türkischen Familien in Europa" wurde 2006 von Diyanet (DİTİB) zum "Besten Aufsatz des Jahres" gewählt. Zu verschiedensten Themen macht er Vorträge, Seminare, Fortbildungen, Konferenzen und Workshops. Er ist in verschiedenen Zeitungen und Zeitschriften als Journalist und Kolumnist tätig. Als Journalist begleitete er den deutschen Bundespräsident Christian Wulff und den türkischen Staatspräsidenten Abdullah Gül bei ihrem Osnabrück-Besuch. Şahinöz moderierte die Internet-Radiosendung "Misawa Talk". Hauptberuflich ist er in der Integrationsagentur und Familienberatung tätig. Nebenbei ist er in der türkischen Glücksspielhotline tätig. In der Vergangenheit arbeitete er als Lehrer, Projektmanager, Seelsorger für muslimische Häftlinge, Übersetzer, Editor und Leiter von pädagogischen Angeboten. Seine Webseite (www.misawa.de) wurde unter 42 deutschen Islamseiten in den Bereichen "Offenheit", "Dialog", "Meinungsfreiheit", "Toleranz" und "Demokratisch" in einer Forschungsarbeit an einer Universität am besten bewertet. Als Dank und Auszeichnung für sein Engagement im Bereich Integration wurde er von Bundeskanzlerin Dr. Angela Merkel nach Berlin eingeladen und seine Arbeit auf diesem Gebiet gelobt. Şahinöz traf sich u.a. auch mit dem muslimischen Berater von Barack Obama, Rashad Hussain, und gab ihm Informationen über die Muslime und ihren Organisationen in Deutschland. Der AIB (Europäischer Arbeitgeber und Akademiker Verbandes NRW) verlieh ihm im Juni 2011 den "Akademiker- und Integrationspreis.".

INHALT

EINFÜHRUNG

Das 5-mal-tägliche Gebet (türkisch: Namaz; arabisch: Salah) ist einer der fünf Pfeiler des Islams. Es ist, laut dem Propheten Muhammed (Friede sei mit Ihm), die Säule der Religion (Beyhaki, Keşfül Hafa, 1621). Somit steht sie als eine der wichtigsten Gottesdienste (İbadet) im Zentrum des Islam.

Allgemein ist es das Ziel der Gottesdienste im Islam, sich dem Schöpfer zu nähern, sich Seiner Gegenwart bewusst zu werden und Ihm zu danken. Mit Gottesdienst sollte nicht unbedingt nur das Gebet verstanden werden. Das Gebet ist nur ein Teil des Gottesdienstes, wenn auch der wichtigste. Aber auch das Fasten, die Abgabe der Zekat, die Pilgerfahrt, ein gutes und moralisches Benehmen (Ahlaq), Hilfsbereitschaft oder das Erlernen von Wissen können Gottesdienste sein. Voraussetzung dafür ist die Absicht (Niyet), aber dazu später mehr.

Gottesdienste sind Mittel zum Zweck, Gottes Zufriedenheit zu erlangen. Wer Gottes Zufriedenheit erlangt, kann sowohl im Diesseits als auch im Jenseits auf innere Zufriedenheit und Seine Hilfe hoffen. Gott sagt im Koran: „Verlies, was dir von dem Buche offenbart wurde, und verrichte das

Gebet. Wahrlich, das Gebet hält von schändlichen und abscheulichen Dingen ab; und Allahs zu gedenken, ist gewiss das Höchste. Und Allah weiß, was ihr begeht" (Koran, 29:45).

Beim Gebet unterscheidet der Muslim verschiedene Gebetsformen. Da gibt es z.B. das Bittgebet (Dua), das unabhängig von Zeit und in der eigenen Muttersprache abgehalten werden kann. Diese Gebetsform ist die allseits bekannte, Hände Richtung Himmel geöffnete, Form.

Die Gebetsform, in der es in diesem Buch geht, ist das 5-mal-tägliche Gebet, dass rituell zu verschiedenen Tagesabschnitten alleine oder in der Gemeinschaft verrichtet wird. Dieses Gebet hat seine festen Formen und Regeln. Diese Formen und Regeln werden in diesem Buch analysiert und beschrieben. Denn jeder Muslim, der die Pubertät erreicht, sollte wissen, wie das Gebet verrichtet wird; und es natürlich auch verrichten.

Der Grund ist einfach: Das Gebet ist der Schlüssel zum Paradies. Unter keinen Umständen, weder für Geld, Arbeit oder Schule, sollte das Gebet, so wie die Körperbedeckung sowohl für den Mann als auch für die Frau, ausgelassen werden. Eine Möglichkeit zum Beten, ohne die Mitmenschen zu „belästigen", kann immer gefunden werden. Die Bedeutung des Gebetes ist zu wichtig, als dass es für andere Ziele ersetzt werden könnte.

Unser Schöpfer hebt diese Bedeutung des Gebetes, hier speziell des Bittgebetes (Dua), im Koran hervor: „Was kümmert Sich mein Herr um euch, wenn ihr nicht (zu Ihm) betet?" (Koran, 25:77). Dass heißt, unser Schöpfer wartet nur auf unsere Gebete. **Würde Er nicht geben wollen, hätte Er das Wollen und das Bitten nicht gegeben!**

An anderer Stelle verkündet unser Schöpfer: „Und wenn dich Meine Diener über Mich befragen, so bin Ich nahe; Ich höre den Ruf des (oder: Ich antworte dem) Rufenden, wenn er Mich ruft. Deshalb sollen sie auf Mich hören und an Mich glauben" (Koran, 2:186). Hier wird deutlich, dass der Schöpfer auf jedes Gebet antwortet. Auf jedes Gebet antworten heißt aber nicht, jeden Wunsch zu erfüllen. Hierfür eine Analogie: Ein Kranker geht zu einem Arzt und verlangt eine bestimmte Medizin gegen seine Krankheit. Der Arzt schaut sich den Kranken an und entscheidet: A.) Er ist mit dem Kranken einer Meinung und gibt ihm genau die Medizin, nach der er verlangt. B.) Der Arzt weißt, dass dieses Medikament nicht helfen würde, und gibt daher ein besseres. C.) Der Arzt bemerkt, dass der Kranke nicht wirklich krank ist und gibt ihm daher kein Medikament. Wie in dieser Analogie, erfüllt uns unser Schöpfer manchmal unsere Wünsche, manchmal gibt Er etwas Besseres und manchmal erfüllt Er sie nicht, damit wir uns nicht schaden. Dies kann Er vorherwissen, da er nicht an Zeit und Raum gebunden ist.

Das Gebet ist also von großer Bedeutung. Es ist der Schöpfungsgrund. Der Schöpfer sagt im Koran, dass Er die Menschen und die Dschinn nur erschaffen habe, damit sie Ihm dienen: „Und Ich habe die Dschinn und die Menschen nur darum erschaffen, damit sie Mir dienen (sollen)" (Koran, 51:56). Dieses Dienen wird erst mit dem Gebet vervollständigt. Denn das Gebet ist die höchste Form des Gottesdienstes und des Dankens an Gott. Es ist eine direkte Kommunikation mit dem Schöpfer.

Auf diese Kommunikation kann ein Muslim nicht verzichten. Daher ist das Erlernen dieses Gebetes notwendig. Um diesem Gedanken gerecht zu werden, entstand dieses Buch, welches an die hanefitische Rechtsschule angelehnt ist. Natürlich gibt es genug Bücher – auch in deutscher Sprache - die sich mit dieser Thematik beschäftigen. Anders als die bisher erschienenen Bücher, soll das vorliegende, bescheidene Buch nicht nur auf das „Wie?" eine Antwort liefern, sondern auch auf die Frage „Warum?". Daher ist die Arbeit in zwei große Abschnitte eingeteilt: Theorie und Praxis. Im Theorieteil wird die „Warum?"-Frage bearbeitet.

Hier werden Texte des Islamgelehrten Said Nursi (1876 – 1960) zur Hilfe herangezogen. Im Praxisteil folgt die klassische Beschreibung des Gebetes. Im dritten Kapitel werden verschiedene Fragen rund um das Gebet aufgegriffen. Ein Glossar am Ende soll dem Leser, der des Türkischen oder Arabischem nicht mächtig ist, helfen. Denn es gibt ein wichtiges Verständnisproblem, wenn man sich mit islamischer Literatur beschäftigt. Einige Begriffe, die ins Deutsche übersetzt werden, verlieren so ihre Konnotation. Das Lexem wird übersetzt bei gleichzeitigem Austausch der Konnotationen und damit des Assoziationsfeldes. Der Kontext und das Verständnis der Begriffe fallen somit weg. So ist es ein Fehler, wenn z.B. „Din" als „Religion" oder „İman" als „Glaube" übersetzt werden. Wegen des Austausches der Konnotationen, werden diese Begriffe in ihrer Originalform auf Türkisch oder Arabisch in Klammern wiedergegeben. Grammatisch werden die Begriffe eingedeutscht, also dem Deutschen angepasst. Verwendet wird also letztendlich der gängige deutsche Begriff. Dies muss trotz falscher oder fehlender Übersetzungen getan werden, um dem Leser überhaupt eine Vorstellung von der ungefähren Bedeutung des Wortes zu geben.

Auf eine Literaturliste am Ende wird aus praktischen Gründen verzichtet. Stattdessen werden die Literaturangaben in den Fußnoten gemacht.

I.
THEORIE

1.1 BRAUCHT DER SCHÖPFER UNSER GEBET?[1]

Die Frage: „Wir hören viele faule Menschen und jene, die das 5-mal-tägliche Gebet nicht verrichten, fragen: `Warum braucht der Allmächtige Gott unsere Anbetung?`"

Die Antwort:

Gott der Allmächtige braucht weder unsere Anbetung noch tatsächlich irgendetwas anderes. Vielmehr, bist du es, der bedürftig ist anzubeten, denn in Wahrheit bist du krank. Und wie wir in vielen Traktaten des Risale-i Nur bewiesen haben: die Gottesanbetung ist eine Art Heilmittel für deine spirituellen Wunden. Wenn jemand, der krank ist, einem barmherzigen Doktor erwidert, der darauf besteht, dass seine Medizin eingenommen wird, das für den Zustand des Patienten wohltätig ist, und wenn er spricht: "Welches Bedürfnis nach dem Heilmittel hast du, dass du in dieser Weise darauf bestehst?", kannst du verstehen, wie absurd das wäre.

---

[1] aus: Nursi Said: Die Lichtblitze. Sözler Verlag: Istanbul, 2007, S.224-225

Der Mensch, der die Gottesanbetung und das 5-mal-tägliche Gebet aufgibt, verletzt in bedeutsamer Weise die Rechte der Dinge/Wesen, die wie Untertanen des Alleinherrschers der Vor-Ewigkeit und der Nach-Ewigkeit, also Gottes, sind, und tatsächlich handelt er ungerecht zu ihnen. Denn die Vollkommenheiten der Dinge/Wesen sind manifestiert durch die Gottesverherrlichung und die Gottesanbetung, die durch jenen Aspekt von ihnen ausgeführt werden, der hin zu ihrem (Göttlichen) Macher gerichtet ist. Der Mensch, der die Gottesanbetung aufgibt, sieht diese Gottesanbetung nicht. Er leugnet sie. Hinzu kommt, dass die Dinge/Wesen eine erhabene Stellung durch ihre Gottesanbetung und Gottesverherrlichung einnehmen. Jedes Ding/Wesen ist ein Erlass des Ewig Angeflehten Einen Gottes und ein Spiegel für die Namen seines Herrgottes. Da er sie von ihren hohen Positionen herabsetzt und sie für unwichtig, leblos, ziellos und pflichtenlos hält, beleidigt er sie und leugnet und zertrampelt ihre Vollkommenheiten.

Ja, jedermann sieht die Welt in seinem eigenen Spiegel. Der Allmächtige Gott schuf den Menschen als ein Maas und eine Skala für das Universum. Und von der Welt gab Er jeder Person eine eigentümliche Welt. Diese Welt färbt Gott für den einzelnen Menschen gemäß dessen aufrichtigen Gottesvorstellungen. Zum Beispiel, ein verzweifelter, klagender, weinerlicher Mensch sieht Dinge/Wesen als weinend und in Verzweiflung. Aber ein fröhlicher, optimistischer, milder Mensch sieht das Universum als fröhlich und lächelnd. Ein nachsinnender Mensch, welcher der feierlichen Gottesanbetung und Gottesverherrlichung hingegeben ist, entdeckt und sieht bis zu einem (gewissen) Grade die sichere, wahrhaft existierende Gottanbetung und Gottesverherrlichung der Dinge/Wesen. Aber ein Mensch, der die Gottesanbetung durch Faulheit oder Leugnung aufgibt, sieht die Dinge/Wesen in einer Weise, die total gegensätzlich und zuwider der Realität ihrer Vollkommenheiten ist, und so verletzt er ihre Rechte.

Weiterhin, da der Mensch, der das Gebet (Namaz) aufgibt, sich nicht selbst besitzt, verletzt er seine eigene Seele, die dem wahren Eigentümer gehört. Sein Eigentümer (=Gott) äußert schreckliche Drohung, um Seines Sklaven Rechte vor der bösgesinnten Triebseele zu retten. Ebenfalls, da der Mensch die Gottesanbetung, die das Resultat seiner Erschaffung und das Ziel seiner Natur ist, aufgegeben hat, ist das wie ein Akt des Verstoßes gegen die Wahrheit Gottes und gegen den fürstlichen Willen Gottes.

Kurz: Wer die Gottesanbetung aufgibt, der tut seiner eigenen Seele unrecht, die Knecht und Besitztum des Allmächtigen Gottes ist, und er verletzt und beeinträchtigt die Rechte der Vollkommenheiten des Universums.

1.2 DIE BEDEUTUNG DES GOTTESDIENSTES[2]

Was den Glauben (İman) in Theorie und Praxis fest und stark werden lässt, so dass er zu einer inneren Haltung wird, das ist einzig der Gottesdienst (İbadet). Die Taten und Werke, die sich als Folge aus einem Glauben ergeben, der mit dem Herzen und dem Verstand übereinstimmt, bleiben wirklich schwach, wenn das Urteilsvermögen nicht geschult und die Bereitschaft zur Entscheidung nicht durch einen Gottesdienst unterstützt wird, der darin besteht, die Weisungen Allahs auszuführen und sich vor der Übertretung Seiner Verbote zu hüten. Für diese Tatsache ist die derzeitige Lage in der Welt des Islam und die Haltung der Muslime heute ein Zeugnis. **Der Gottesdienst führt zu einem glücklichen Leben in dieser und in jener Welt.** Er ist ebenso Ursache einer Wiederherstellung der Harmonie in unseren Werken für das Leben in dieser und in jener Welt. Er ist weiter ein Fahrzeug zur Erlangung der Vollkommenheit für den einzelnen Menschen wie für die Menschheit als Ganzes. Und

[2] aus: Nursi Said: İşaratü´l-İ´caz. Söz Basim: Istanbul, 2006, S.193-196

er ist schließlich Ausdruck einer hohen und erhabenen Beziehung zwischen dem Schöpfer und Seinem Diener und Verehrer und eine ehrenvolle Verbindung zwischen beiden.

Die nachfolgenden Aspekte sollen näher erläutern, dass der Gottesdienst dem Glück in dieser wie in jener Welt dient.

Erstens: Der Mensch wurde mit seiner Natur in einer so wunderbaren und dermaßen delikaten Art erschaffen, dass er unter allen Tieren eine Ausnahme bildet und sie alle überragt. Diese Art der Beschaffenheit ließ im Menschen die allerverschiedensten Wünsche und Sehnsüchte erwachsen. So verlangt z.B. der Mensch nach den ausgewähltesten Dingen, sehnt sich nach den schönsten Dingen, strebt nach den kunstvollsten Dingen, möchte seinen Lebensunterhalt in Ehren erwerben und ein Leben führen, wie es der Würde des Menschen entspricht.

Infolge dieser Wünsche und Sehnsüchte bedarf er vieler künstlerischer und handwerklicher Fähigkeiten und Fertigkeiten, um seine Bedürfnisse nach Nahrung, Kleidung usw. auf eine Art zu befriedigen, die ihm gefällt.

Weil er aber nicht alle Techniken beherrschen kann, ist es notwendig, dass er mit den übrigen Geschwistern der Menschheit zusammenarbeitet, damit jeder von ihnen an den Früchten seiner Arbeit teilnehmen und dem anderen durch diesen Austausch hilfreich sein möge, damit auf diese Weise die Bedürfnisse aller befriedigt werden können.

Nun sind aber den Antriebskräften des Menschen in rationaler, emotionaler und voluntaristischer Hinsicht durch den Schöpfer keine Grenzen gesetzt. Alle diese Kräfte wurden dem Menschen gegeben, damit er sich entscheiden solle, um so seine Entwicklung zu ermöglichen. In der Praxis führt dies jedoch zu Ungerechtigkeit und Maßlosigkeit. Um derartige Übergriffe bei Verteilung der Früchte der Arbeit einzudämmen, bedarf es in der menschlichen Gemeinschaft eines Rechtssystems. Weil aber der Verstand des Einzelnen zu schwach ist, um ein solches Rechtssystem zu durchschauen, bedarf es eines allgemeinen, übergeordneten Verstandes, dessen sich dann die einzelnen Menschen bedienen können. Ein solcher allgemeiner, übergeordneter Verstand kann sich nur in Form eines Gesetzes äußern.

Jetzt aber bedarf es einer Autorität, einer Persönlichkeit, welche sicherstellt, dass diese Gesetze auch wirksam werden, durchgeführt und in die Praxis umgesetzt werden. Diese Autorität, diese Persönlichkeit ist einzig allein der Prophet. Eine solche Persönlichkeit, wie sie der Prophet ist, benötigt aber nicht nur geistliche und weltliche Hoheitsrechte und Privilegien, um die Herrschaft über die Menschen nach innen und außen aufrecht erhalten zu können, er muss auch den Beweis dafür erbringen, in welchem Grade er mit seinem Schöpfer verbunden ist, und seine Beziehung zu Ihm aufzeigen können. Solch ein Beweis sind einzig allein die Wunder.

Und weiter ist es nötig, die gewaltige Größe des Meisters in der geistigen Haltung zu verankern, um den Gehorsam gegenüber den Geboten Gottes des Gerechten und die Unterwerfung unter seine Verbote durchzusetzen und sicherzustellen. Diese Verankerung kann aber nur in der Glaubenslehre erfolgen, d.h. in der Manifestation des Glaubens durch dessen Konsequenzen. Diese Konsequenzen, die sich aus dem Glauben ergeben, können aber nur in der ständigen Wiederholung des Gottesdienstes, des Gebetes, und seiner Erneuerung verstärkt und entfaltet werden.

Zweitens: Gottesdienst (İbadet) besteht darin, sich in seinen Gedanken dem allweisen Meister zuzuwenden. Wendet der Diener und Verehrer dem allweisen Meister sein Antlitz zu, so erwachsen daraus der Gehorsam und die Unterwerfung. Durch Unterwerfung und Gehorsam aber gelangt der Diener Gottes zu einer vollkommenen Harmonie mit der göttlichen Ordnung. Hat aber der Diener Gottes vollkommene Harmonie mit der göttlichen Ordnung erlangt, so realisiert er auch das Geheimnis der Weisheit in der Befolgung Seiner Anordnungen. Diese Weisheit aber offenbart sich in den kunstvollen Ornamenten, wie sie auf den Seiten im Buche der Schöpfung erstrahlen.

Drittens: Der Mensch ist gleichsam die Zentrale unter den Anordnungen der gesamten Schöpfung, den Gesetzen des Kosmos und der Mittelpunkt unter den göttlichen Strahlen Seiner Gebote im All. Deshalb muss der Mensch mit diesen Gesetzen zusammenwirken, sich mit ihren Auswirkungen verbunden wissen, sich an die Rockschöße der göttlichen Gebote heften, sich an ihnen festhalten, um so den allgemeinen Ablauf der Dinge sicherzustellen. Stellt er sich jedoch dem Lauf der Mühlräder in den verschiedenen Schichten der Welt entgegen, so gerät er in den Mahlgang und wird zwischen den Mühlsteinen zerrieben. Dass dies nicht geschieht, dankt er einzig dem Gottesdienst, der darin besteht, die Weisungen Gottes und Seine Verbote zu achten.

Viertens: Ein Mensch, der den Weisungen Gottes folgt und Seine Verbote achtet, tritt mit vielen verschiedenen Stufen des gesellschaftlichen Lebens in Verbindung und baut seine Beziehungen zu ihnen auf. Besonders aber in Angelegenheiten des Glaubens und des allgemeinen Wohls wird der Einzelne zum Vertreter eines ganzen Volkes. Das heißt, dass sehr viele Aufgaben wie Rechte, Anleitungen zum rechten Leben, Unterweisungen und Reformen einer einzigen Persönlichkeit zugeschrieben werden. Gäbe es nicht eine solche Persönlichkeit, welche sich an die Weisungen hält und die Verbote achtet, so würden alle diese Aufgaben mit Füßen getreten werden.

Fünftens: Der Mensch tritt, äußerlich gebunden durch die Religion des Islam und innerlich verbunden im Gottesdienst (İbadet) in eine feste Verbindung mit allen Muslimen und erhält in ihnen ein starkes Bündnis. Aus ihm erwächst eine Bruderschaft, die nicht zu erschüttern ist und in ihnen liegt die Ursache zu einer wahren Freundschaft. Und gerade für den Fortschritt und die Vollendung einer menschlichen Gemeinschaft heißen die allerersten und grundlegenden Stufen Bruderschaft und Freundschaft.

Die Erklärung dafür, dass Gottesdienst (İbadet) Ursache persönlicher Vollendung ist: Der Mensch, der doch körperlich so klein, schwach und armselig ist und physisch noch zu den Tieren hinzugerechnet wird, ist dennoch Träger eines großen Geistes, besitzt überragende Fähigkeiten, wird vom Drängen seiner Sehnsüchte rastlos vorwärts getrieben und nährt in sich Hoffnungen ohne Zahl und Grenzen, seine Ideen sind unzählig, seinen Antriebskräften wie Wollen und Sehen kann kein Einhalt geboten werden, seine Beschaffenheit ist so erstaunlich, als sei er gleich einem Inhaltsverzeichnis aller Gattungen und Welten erschaffen worden.

Was nun diesen Geist des Menschen über sich hinaus zu wachsen anregt, ist der Gottesdienst (İbadet). Was all seine Fähigkeiten sich entwickeln lässt, ist İbadet. Was seine Sehnsüchte sichten und reinigen hilft, ist İbadet Was ihm die Erfüllung seiner Hoffnungen verleiht, ist İbadet. Was seiner Ideenwelt neue Horizonte erschließt und sie doch einer festen Ordnung unterstellt, ist İbadet. Was seinen Antriebskräften, all seinem Sehnen und Wollen Einhalt zu gebieten vermag, ist İbadet. Was die Sinnes- und Wahrnehmungsorgane Leibes und der Seele von den Rostflecken einer "aufgeklärten" Naturwissenschaft befreit, ist İbadet. Was den Menschen zu der ihm zugedachten Vollkommenheit heranreifen lässt, ist İbadet. Die höchste und die tiefste Verbindung zwischen dem Einzig-Angebeteten und Seinem Anbeter ist einzig allein İbadet.

In der Tat ist die höchste Stufe der menschlichen Vollkommenheit dieses Verhältnis und diese Verbundenheit.

Anmerkung: Der Geist (Ruh) des Gottesdienstes (İbadet) ist die Aufrichtigkeit (İhlas). Aufrichtigkeit aber bedeutet, dass das Gebet (İbadet) einzig verrichtet wird, weil befohlen wurde, es zu verrichten. Stellt es sich heraus, dass ein anderer Sinn oder Zweck dem Gottesdienst als Ursache zugrunde liegt, so ist dieser Gottesdienst hinfällig. Gott zu dienen ist zwar nutzbringend und sinnvoll, doch ist der Nutzen, der aus dem Gebet erwächst, nicht der Grund seiner Verrichtung.

1.3 DAS GEBET ALS GROßARTIGE BESCHÄFTIGUNG[3]

Beten, welch großartige Beschäftigung, welch große Seligkeit! Willst du verstehen, welch ein Verlust die Ferne von Gott und der unachtsame Lebenswandel bedeuten, schau auf folgendes kleines Gleichnis und lausche!

Eines Tages wurde zwei Soldaten befohlen, eine sehr weit entfernte Stadt aufzusuchen. Sie machten sich gemeinsam auf den Weg, bis sie an eine Weggabelung kamen. Dort weilte ein Mann, der zu ihnen sprach: „Der rechte Weg dort ist nicht gefährlich. Wer ihm folgt, wird vielfältigen Gewinn erhalten. In neun von zehn Fällen wird ihm große Bequemlichkeit zuteil. Der linke aber ist unzureichend. Neun von zehn Menschen, welche ihn beschreiten, kommen zu Schaden. Jedoch sind beide Wege gleich lang. Es gibt nur einen Unterschied: der den linken Weg wählt, reist ohne Waffen und Gepäck, worin eine scheinbare Bequemlichkeit liegt.

---

[3] aus: Nursi Said: Die Worte. Sözler: Istanbul, 2002, S.43-45

Der Reisende des rechten Weges dagegen, muss sich mit schweren Waffen und einem vollen Koffer abmühen."

Nachdem beide den weisen Mann gehört hatten, entschied sich der klügere der beiden Soldaten für den rechten Weg. Die Last verteilte er auf Schultern und Rücken, sein Herz und seine Seele blieben aber von Übel verschont. Der andere aber sonderte sich ab und mochte sich nicht geordneten Verhältnissen fügen. Er entschied sich in seiner Starrköpfigkeit für den linken Weg. So bewahrte er zwar seinen Körper vor der schweren Last, setzte aber Herz und Seele tausendfachen Übeln und Ängsten aus. Er wurde zum Bettler, der sich vor noch so einem kleinen Geschehnis fürchtete. So erreichte er sein Ziel und erhielt die ihm zukommende Strafe.

Der Erste, der sich der Ordnung gerne fügte, bewaffnet und furchtlos, erreichte unbeschadet, mit ruhigem Herzen sein Ziel. Dort, in jener Stadt erwartete ihn Belohnung, weil er als ehrlicher Soldat seine Pflicht erfüllt hatte.

Schau, eigensinniges Ego! Vergegenwärtige dir, dass der eine der beiden Reisenden dem Göttlichen Gesetz gefolgt ist, hingegen der andere gegen das göttliche Gesetz rebelliert hatte. Die Reise aber ist der Lebensweg, welcher von der Seelenwelt kommt, den Friedhof durchquert, um in die ewige Welt, das Jenseits, zu führen. Koffer und Waffen sind Gebete und reine Frömmigkeit. **Äußerlich betrachtet bereitet die Verrichtung der Gebete einige Schwierigkeiten. In Wirklichkeit liegen im Gebet unbeschreibliche seelische Entspannung und Ruhe.** Denn im Gebet spricht der Betende: „Ich bezeuge, es gibt keinen Gott außer Gott!" Das heißt: „Herrgott und Schöpfer, es gibt nichts außer Ihm! Schaden und Nutzen kommen aus Seiner Hand. Er ist der Gerechte! Keine Seiner Taten ist sinnlos! Er ist der Gnädige! Von Ihm kommen Wohltaten und Erbarmen im Überfluss!"

Wenn der Betende auf diese Weise, voll des Glaubens, sein Gebet verrichtet, findet er das Tor des Gnadenschatzes.

Im rituellen wie im freien Gebet, klopft er an dieses Tor. Er sieht alle Dinge im Dienst ihres Schöpfers, so beginnt er seine Wanderung zu Ihm. Mit großer Geduld erträgt er alles Leid und alle Übel, sein Glaube gibt ihm größte und vollkommene Sicherheit. Ja, die Quelle aller Wohltaten und auch der Mut liegen im Glauben und in der Gottverbundenheit. Der Ursprung aller üblen Taten aber, wie auch die Feigheit, liegt in der Verirrung.

Ja, ein von vollkommenem Glauben erleuchteter Mensch wird nie von Furcht ergriffen, und sollte selbst die Welt bersten. Ein solcher Mensch wird die wundersamen Zeugnisse göttlicher Macht betrachten. Dagegen wird ein egoistischer Mensch, mag er noch so gebildet und sein Verstand geschult sein, schon von Angst ergriffen, wenn er einen Kometen am Himmel erblickt. „Wird er wohl die Erde treffen?", so fragt er. Misstrauisch ist er in seiner Hoffnungslosigkeit.[4]

Ja, der Mensch hat auch unzählige Bedürfnisse, seine Schätze sind wenige. Wird er auch von Übeln mannigfaltiger Art heimgesucht, kann er dagegen äußerst wenig tun. In diesem Sinne befindet sich der Mensch in einem begrenzten Umfeld, einem Kreis, den er mit seiner Hand erreichen kann. Aber die Forderungen und Gedanken der Menschen, getrieben von Übeln, sind ausschweifend. So wird jeder, der nicht mit Blindheit geschlagen ist, die Notwendigkeit des Gebets, die darin liegende Verbundenheit mit dem Glauben an die Einheit Gottes und das Gottvertrauen, erkennen. Der Weg der Missachtung und Ausschweifung ist ein Weg ohne Gewinn, der in neun von zehn Fällen in Verderbnis und ewige Qual führt. Der Pfad der Gottverbundenheit jedoch führt in neun von zehn Fällen zu einem Schatz und zur ewigen Ruhe in Seligkeit. Mit der gleichen Wahrscheinlichkeit führt die Straße der unzähligen Übel zu Verlust und dau-

---

[4] So etwas war eines Tages tatsächlich zu beobachten: ein Komet, der sich der Erde näherte, versetzte die Welt in Unruhe. Viele verließen nachts ihre Häuser!

erndem Schaden. Das alles wird auch durch die Erklärungen von Gebildeten und durch zahlreiche Gelehrte bestätigt.

Kurz zusammengefasst: Die selige Ruhe in dieser, wie in jener Welt wird dann erreichbar, wenn man als Streiter Gottes seine Gebete richtig verrichtet. Sprechen wir sodann immer „Gott sei Lob für die Folgsamkeit und den Erfolg in der Rechtleitung!“ und wir sollten Gott danken, dass wir Gläubige sind.

1.4 DAS GEBET DAUERT NUR EINE STUNDE[5]

„Das Gebet ist eine Säule der Religion" (Beyhaki, Keşfül Hafa, 1621).

Das rituelle Gebet ist so wertvoll und wichtig und dabei so einfach und billig. Willst du verstehen, welchen Verlust ein Mensch, der dieses Gebet nicht verrichtet, erleidet, lausche folgender Parabel:

Eines Tages sandte ein bedeutender Herrscher seine beiden Diener auf seinen schön gelegenen Bauernhof, wo sie bleiben sollten. Dieser Bauernhof lag in einer weit entfernten Gegend. Für die Reise dorthin benötigte man zwei Monate zu Fuß. Jedem Diener gab er 24 Goldstücke mit der Weisung: „Von diesem Geld bestreitet eure Reisekosten. Ebenfalls soll es euch dazu dienen, an eurem Reiseziel notwendige Einkäufe zu erledigen. Eine Tagereise von hier entfernt liegt eine Station, wo Verkehrsmittel wie Autos, Schiffe, Zü-

[5] aus: Nursi Said: Die Worte. Sözler: Istanbul, 2002, S.46-47

ge und Flugzeuge zu finden sind. Wählt entsprechend eurer Geldmenge."

Beide Diener verabschiedeten sich. Der eine war ein glücklicher Mensch. Er legte sein Geld teilweise an, bevor sie ihren Zielort erreichten, wobei er zum Wohlgefallen seines Herrn sehr gute Geschäfte machte. Sein Gewinn war so hoch, dass er das Tausendfache einbrachte. Der zweite Diener aber war ein unglücklicher Tunichtgut. 23 Goldstücke verschwendete er bis zum Ziel mit Glücksspielen und ähnlichem. So verblieb ihm noch ein Goldstück. Sein Gefährte riet ihm: „Kaufe dir davon wenigstens eine Fahrkarte, damit du den langen Weg nicht zu Fuß machen musst und dich der Hunger nicht quält. Unser Herr ist gnädig und vielleicht zeigt er Erbarmen mit dir, dass du dennoch mit dem Flugzeug reisen kannst. So würde die Reise nur einen Tag dauern. Aber verhältst du dich anders, dauert die Reise zwei Monate, zu Fuß musst du hungrig durch die Wüste, ganz alleine". Nun, jeder sieht, wie dumm und verrückt dieser Mann wäre, sollte er sein letztes Geld für unnütze Dinge ausgeben, statt sich eine Fahrkarte zu besorgen, die ihn sozusagen zu einem Schatz führen würde.

Nun, oh Mensch, der du dies rituelle Gebet nicht verrichtest! Du mein Ego, dem dieses Gebet missfällt!

Jener Richter ist unser Schöpfer. Die zwei reisenden Diener sind einmal ein Mensch, der seine Gebete einhält, während der andere das Gebet ignoriert. 24 Goldstücke sind 24 Stunden eines Tages. Der Bauernhof ist das Paradies, der Ort des Aufbruchs der Friedhof und die Reise ist die Reise in die Ewigkeit. Gemäß dem Handeln und der eingehaltenen Frömmigkeit wird dieser lange Weg zurückgelegt. Einige der Frommen legen diesen tausendjährigen Weg wie ein Blitz an einem einzigen Tag zurück. Andere dieser Frommen reisen eine Fünfzigtausend Jahre währende Strecke, an einem Tage. Der Koran weist auf diese Wahrheit an zwei Stellen hin. Die Fahrkarte aber ist das Pflichtgebet, welches mit den Zeiten der rituellen Reinigung fünfmal täglich zusammen eine einzige Stunde dauert. Welch ein Verlust! Welch Unrecht gegen die Seele! **Welch Gegensatz zum klaren Verstand ist es, spendet der Mensch nicht einmal eine einzige Stunde für das ewige Leben, opfert er doch 23 Stunden für die profansten Angelegenheiten!** Man denke an eine Lotterie, an der tausend Menschen teilnehmen. Ein Mann gibt die Hälfte seines Habs und Guts dort aus, wo doch die Wahrscheinlichkeit eines Gewinns ein Tausendstel ist! Und dies wird als vernünftig angesehen! Aber man meint, dem gesunden Menschenverstand widerspreche es, wenn ein Mensch nicht ein Vierundzwanzigstel von seinem Eigentum opfert, wo doch eine Gewinnchance von neunundneunzig Prozent besteht! Begreift das nicht jeder vermeintlich Kluge?

In Wirklichkeit liegt im Pflichtgebet die Ruhe der Seele, des Herzens und des Verstandes! Es stellt für den Körper keine Belastung dar. Und die weltlichen Handlungen eines betenden Menschen erhalten durch die positive Absicht (Niyet) die Bedeutung eines Gottesdienstes. Der Betende konzentriert sich so auf das Jenseits.

1.5 DIE HAUPTAUFGABE EINES MENSCHEN[6]

Wenn du verstehen möchtest, warum das Verrichten des Pflichtgebetes und das Vermeiden großer Sünden wichtig für den Menschen und dem menschlichen Dasein angemessene Verhaltensweisen sind, so öffne dich folgender kurzen Geschichte:

Während Kriegsvorbereitungen waren zwei Männer beim Militär als Soldaten eingezogen worden. Einer von ihnen war gut ausgebildet, der andere ein egoistischer Tollpatsch. Der pflichtbewusste, zuverlässige Soldat war immer bemüht, auch über die militärischen Übungen hinaus, korrekt zu handeln. Er kümmerte sich nicht um seine Versorgung, denn er nahm an, die Bereitstellung seiner Versorgung, wie der Arzneimittel im Falle einer Krankheit sei Aufgabe der Regierung. Seine vorrangigen Aufgaben waren die militärischen Übungen und der Kampf. Aber zu seinen Aufgaben gehörte es auch, zu kochen, Lebensmittel zu verteilen, abzuwaschen etc. Wenn man ihn fragte: „Was machst du?", so antwortete er:

[6] aus: Nursi Said: Die Worte. Sözler: Istanbul, 2002, S.48-50

„Ich diene dem Staate!" Er sagte nicht: „Ich arbeite, um meinen Lebensunterhalt zu bestreiten."

Der andere, der tollpatschige Feinschmecker, passte bei den Übungen nicht auf und verschlief diese. Dies sei die Pflicht des Staates! „Das geht mich nichts an!", sagte er. Er dachte immer nur an sein leibliches Wohl, das er durch private Einkäufe in der Stadt zu befriedigen suchte.

Eines Tages sagte der erste zu ihm:

„Bruder, deine Hauptaufgabe ist die Teilnahme an den militärischen Übungen und Gefechten. Dazu bist du hier. Setze Vertrauen in den Herrscher. Er wird dich nicht darben lassen. Er wird seine Aufgabe schon erfüllen. Du aber bist arm und kraftlos. Du kannst dir nicht überall Nahrung beschaffen. Nun, der Kampf steht an. Man wird dich noch der Rebellion bezichtigen und bestrafen! Es gibt zwei Pflichten: erstens die Pflicht, die der Herrscher gegenüber seinen Untertanen hat und diese ihm gegenüber. Er ernährt uns, wofür wir gewisse Leistungen erbringen müssen. Zweitens ist es unsere Pflicht an der militärischen Ausbildung und an den Kämpfen teilzunehmen, wobei der Herrscher unsere Aufgaben erleichtert." Welchen gefährlichen Fehler würde der genusssüchtige Tollpatsch machen, wenn er den Ermahnungen des pflichtbewussten Lehrers nicht folgte?

Nun, mein faules Ego! Dieser Kampfplatz ist diese unruhige Welt. Das in Truppen aufgeteilte Militär ist die Menschheit. Diese Truppe ist die islamische Gemeinschaft dieses Zeitalters. Einer dieser Soldaten ist ein Gläubiger, der sich seiner religiösen Pflichten bewusst ist und sie erfüllt und im fortwährenden Kampf mit seinem eigenen Ich und mit dem Teufel steht. Der zweite, der nur die weltlichen Genüsse vorzieht, beschuldigt dadurch den wahren Versorger der Unfähigkeit, vernachlässigt alle religiösen Pflichten und begeht zahlreiche Sünden, ist somit ein Egoist, der sich selbst den größten Schaden zufügt. Die militärischen Übungen sind Gebete. Der Kampf aber gilt dem Ego und den damit verbundenen nutzlosen Dingen, um den eigenen Glauben zu bewahren. Die zwei Pflichten haben diese beiden Bedeutungen: Die erste ist das Geschenk des Lebens wie dessen Versorgung. Die zweite Pflicht aber ist das Gebet, um den Schöpfer, der dieses Leben geschenkt hat, damit zu verehren und Ihn flehentlich um Gnade zu bitten. Verbundenheit mit ihm bedeutet Sicherheit.

Er ist es, der das Leben durch Seine unvorstellbare Macht erschafft. Er ist es, der das Leben bewahrt. Niemand außer Ihm! Du möchtest Beweise? Die schwächsten und unbeholfensten Tiere, wie z. B. Fische oder Würmer werden am Besten versorgt.

In der Tat geschieht die Beschaffung der nötigen Nahrung nicht durch Kraft und Wille, vielmehr durch Ohnmacht und Schwäche. Um dies zu verstehen, denke man nur an Fische im Gegensatz zu Füchsen, an Jungtiere im Gegensatz zu Raubtieren, oder an Bäume und andere Pflanzen im Gegensatz zu den Tieren. Vielleicht richtet sich die Gewährung der Nahrung nach Unbeholfenheit und Schwäche. Das bedeutet, dass die Unterlassung des täglichen Gebets wegen des Lebensunterhalts dem Verhalten eines Soldaten entspricht, der sich vor den militärischen Übungen und dem Einsatz im Kampf drückt, um auf dem Bazar betteln zu gehen. Indes bemüht sich der, der sein Gebet verrichtet hat, nachher seinen Lebensunterhalt in der Gnadenküche Gottes zu suchen und darum, keinem anderen zur Last zu fallen. Dieses Verhalten ist viel schöner und voll Tapferkeit, so wird die Handlung selbst zum Gebet.

Dass der Mensch zum Beten erschaffen wurde, zeigen uns die menschlichen Eigenschaften. In der Beschaffung seiner irdischen Bedürfnisse erreicht der Mensch nicht einmal die Fähigkeit eines unscheinbaren Spatzen. Aber durch das Wissen, seine geistigen Fähigkeiten und durch das Gebet zeichnet sich der Mensch vor allen anderen Lebewesen aus.

O mein Ego! Das alles bedeutet, dass, wenn du das weltliche Leben zum Ziel hast und nur nach diesem strebst, du nicht einmal an einen Sperling heranreichst. Ist aber das geistige Leben dein Ziel, und richtest du dein weltliches Leben nach diesem aus, so wirst du den Tieren überlegen sein. Du wirst zu einem Vorgesetzten der Tiere, zu einem auf dieser Welt von Gott geliebten Menschen und einem geehrten Gast in dieser Welt. Nun, hier sind zwei Wege! Wähle, welchen du willst! Aber bitte um die Führung Gottes!

1.6 AUFTEILUNG IN FÜNF TAGESABSCHNITTE[7]

Oh Bruder! Du fragst mich nach der geheimen Weisheit des 5-mal-täglichen Gebets. Nur eine unter vielen können wir zeigen.

Ja, die Zeit jedes Pflichtgebets ist der Beginn einer Erneuerung. Während der Gebetszeit wird dem Schöpfer mehr gedankt als zwischen den Gebetszeiten. Um diese Feinheit verstehen zu können, sollte man folgende fünf Erläuterungen lauschen:

Erste Bemerkung:

Die Bedeutung des Pflichtgebets liegt im "Erwähnen", in der "Ehrerweisung" und in der "Lobpreisung". Zum Lob der Gottesmacht sagen wir "Subhanallah" (Gepriesen sei Gott), die Handlung und das Sprechen heiligend. Im Sprechen und Handeln zur Ehrerbietung der göttlichen Voll-

[7] aus: Nursi Said: Die Worte. Sözler: Istanbul, 2002, S.65-71

kommenheit sagen wir "Allahu akbar" (Gott ist grösser), wodurch Seine Heiligkeit bezeugt wird. Im Bewusstsein der Gottesmacht dringt das Wort Gott dankbar ins Herz, d. h. Erinnerung (Tesbih, Hitamas-Salah), Bezeugung (Tekbir) und Dank (Hamd) sind der Kern des Gebets. Deshalb finden sie sich in den einzelnen Teilen des Gebetes wieder. Die 33malige Wiederholung dieser einzelnen Worte am Ende des Gebets deutet ebenfalls darauf hin.

Zweite Bemerkung:

Die tiefere Bedeutung des Betens: Die tiefere Bedeutung veranschaulicht die Verneigung im Gebet vor dem allmächtigen, allwissenden, allweisen Gott. Man gesteht die eigenen Fehler und Schwächen ein und begreift die eigene Unwissenheit. Der Diener gesteht mit "Subhanallah" sein Unvermögen und seine Schwäche gegenüber dem Allwissenden ein. Der Diener stellt sich mit "Allahu akbar" seinem Schöpfer anheim. So entspricht es auch dem Willen des Schöpfers, dass der Diener (Geliebte) seine Anliegen und Wünsche in Fragen und Bittgebeten vorträgt und ihm seinen Dank mit "Elhamdulillah" ausdrückt.

Dritte Bemerkung:

Der Mensch ist ein Abbild des Universums, der Korankapitel Al-Fatiha[8] ein Abglanz des Korans. Das Pflichtgebet ist eine klare Aufstellung. Es weist auf das Gebet alles Erschaffenen.

---

[8] Das Kapitel Al-Fatiha ist die erste Sure im Koran und heißt „die Eröffnende". Sie erinnert an den Anfang oder an das Ende eines Gebets oder einer Rezitation.

Vierte Bemerkung:

Wie die Zahnräder der Zeit, Stunden, Minuten und Sekunden untereinander, in Abhängigkeit und Harmonie ineinandergreifen, so besteht eine Harmonie von Tag und Nacht. So verhalten sich die Jahre zu den Minuten; der ganze Lebenslauf des Menschen. Deutlicher:

Die Zeit des Sonnenaufgangs: Die Zeit bis zum Aufgang der Sonne entspricht dem Frühling, dem ersten Tag der Schöpfung des Universums in seinen sechs Tagen.

Die Mittagszeit ähnelt der Mitte des Sommers, der Jugend; alle Geheimnisse der göttlichen Schöpfung werden angedeutet erkennbar.

Die Zeit des Nachmittags ist der Herbst, die Zeit des letzten Propheten. Die Geheimnisse der göttlichen Schöpfung werden nun offenbar.

Die Abendzeit bedeutet das Ende des Herbstes; das Ende vieles Erschaffenen; das Sterben der Menschen; das Ende der Welt. Die Geschöpfe nehmen Abschied. Auf diese Weise versteht man das Aufstrahlen der Majestät Gottes. In ihr liegt das Erwachen des Menschen aus der Unwissenheit. Sie ist die mahnende Zeit!

Die beginnende Nacht zeigt und ermahnt – den Winter, das Grab, das Zwischenreich (Alem-i Berzah) und wie die menschliche Seele das Erbarmen des Fürsorglichen bedarf, – die Dunkelheit und den Winter, der alles bedeckt. Sie ist der gestorbene Mensch. Der Abschluss der Welt als Prüfung. Die tiefe Nacht ist der Winter; das Grab; hier wird die Hilflosigkeit des Menschen in seiner Abhängigkeit von seinem Schöpfer nahegelegt.

Die Zeit des freiwilligen Tahadjjudgebetes im letzten Drittel der Nacht wird durch das Tahadjjudgebet zu einem wertvollen Licht in der großen Nacht im Grab und der endlosen Dunkelheit des Zwischenreiches. Ein Zeichen der Warnung. All diese Phasen der Veränderung erinnern an die unzähligen Gunsterweise und Gaben, den nicht endenden Segen Gottes und zeigen, in welchem Ausmaß Ihm Lob und Preis gebührt.

Der zweite Morgen dagegen bringt den ahnungsvollen Hauch des Morgens der Begegnung mit Gott, den Morgen der großen Wiederauferstehung. Ja, wie der aus der Nacht geborene Morgen und der aus dem Winter keimende Frühling begründet, notwendig und endgültig ist, so endgültig ist der letzte Frühling der Auferstehung.

Das bedeutet:

Jede dieser fünf großen Tageszeiten weisen gleichsam auf den Beginn einer großen Veränderung, ein Bild der großen Veränderung – ein Hinweis auf die Verfügungsgewalt des einzig anflehbaren Helfers, sowohl auf das jährliche, das gegenwärtige, als auch auf das ewige Wunder der Gnade des allmächtigen Gottes. Also, die grundsätzliche Verpflichtung, die Grundlage für den Gottesdienst und die nahegelegten Obliegenheiten wie sie im 5-mal-täglichen Gebet begründet sind, ist daraus klar ersichtlich.

Fünfte Bemerkung:

Der Mensch ist schwach erschaffen. Jede Beeinflussung erschüttert ihn. Ohnmächtig ist er. Seine Feinde und Makel sind unzählig. Er ist in seiner Bedürftigkeit voller Wünsche. Trägheit und Schlappheit sind seine Eigenschaften. So ist das Leben eine schwere Bürde. Andererseits steht er in kosmischen Beziehungen. So sind seine Bedürfnisse viel, aber sein Arm ist zu kurz, sein Leben zu begrenzt. Hierin liegen Ohnmacht und Ungeduld.

Es wird nun deutlich, dass der Mensch beim Morgengebet (vor Sonnenaufgang) sich seinem Schöpfer mit seinen Bitten und Wünschen anvertraut in Vorbereitung auf den dämmernden Tag.

Die Mittagszeit ist der Höhepunkt des Tages, von nun an neigt der Tag sich dem Ende zu, eine Zeit des Ausruhens und Innehaltens. In dieser Zeit erholt sich die Seele von den Anforderungen der weltlichen Tätigkeit. Zu dieser Zeit treten die Göttlichen Taten offen in Erscheinung. Die Befreiung der Seele vom Druck der Arbeit erfrischt sie. Die bedeutungslosen und vergänglichen Dinge werden beiseite gelegt und in Göttliche Obhut gegeben. Es ist die Zeit, für die Gottesgaben zu danken, Ihn um Beistand zu bitten und sich angesichts Seiner Allmacht und Größe kniend der eigenen Schwäche bewusst zu werden. Der Betende wird sich in diesem Bewusstsein der Vollkommenheit, Erhabenheit und Gewaltigkeit Gottes zu Boden werfen, um seine Verwunderung, seine Liebe und Bescheidenheit zu zeigen.

So verrichtet er sein Mittagsgebet. Versäumt derjenige, der nicht verstehen kann, wie herrlich, angenehm, wie wichtig und angebracht dieses Gebet ist, nicht die Chance, die ihm als Mensch gegeben ist?

Zur Zeit des Nachmittagsgebetes, der Zeit des traurigen Herbstes, der Zeit des Vergehens werden die täglichen Angelegenheiten zu Ende geführt. Auch die Sonne beginnt sich dem Horizont zu nähern. Zu dieser Zeit versteht man, dass der Mensch ein Gast ist, der hier einige Verpflichtungen hat, dass alles vergänglich ist. Jetzt bereitet sich die anbetende und ewige Seele auf das Gebet vor, die rituelle Reinigung (Abdest) um das Gebet in Dankbarkeit für den endlosen Segen und die nie endende Gnade zu verrichten. Darin ist wahrer Trost. Man findet Seelenruhe, wobei dem Betenden ein Wonnegefühl ergreift, besonders bei diesem Gebet. Oh, was für eine erhabene Pflicht und welche Heilung kommt aus diesem Gottesdienst! Ein aufrechter Mensch wird das begreifen!

Die Zeit des Sonnenuntergangs, des Winteranfangs, des Abschieds von den hellen und grellen Geschöpfen des Sommers, erinnert uns an den Tod, an die Verstorbenen und das traurige Lebewohl. Während des Abendgebets wendet sich der Gläubige angesichts des Himmels des Unvergänglichen und Unendlichen an seinen Schöpfer. Er bezeugt die Größe Gottes mit "Allahu akbar", dient seinem Herrn mit "Elhamdulillah" und gibt sich ganz Seiner Gnade, makellosen Vollkommenheit und Seiner wunderbarsten Schönheit hin.

„Dir dienen wir und zu Dir rufen wir um Hilfe" (Koran, 1:5). Das heißt, dass es ein Dienst gegenüber dem Ernährer in Aufrichtigkeit (İhlas), gegenüber Seiner unvergleichlichen Göttlichkeit ist, um Seine Hilfe zu erbitten. Es bedeutet auch, dass es zwingend ist, sich vor Seiner endlosen Herrlichkeit, Seiner unbegrenzten Macht und nicht messbaren Größe anbetend zu verneigen gemeinsam mit dem gesamten Universum; auf diese Weise bekennt man seine eigene Ohnmacht, Schwäche, Bedürftigkeit und Hilflosigkeit.

Sagt man „Sübhanerabbiyelazim" (Gepriesen sei mein großer Herr), so ist die rezitierende Wiederholung desselben Wortes ein Bewusstmachen Seiner nicht vergänglichen Schönheit in Seinem Wesen und Seiner einmaligen heiligen Eigenschaften, wobei die Verneigung in andächtigem Gebet vor Seiner nicht schwankenden ewigen Vollkommenheit Ausdruck der Verwunderung und Demut ist, von weltlichen Dingen abzulassen. Dadurch findet unsere Zuneigung und Frömmigkeit ewige Schönheit und Barmherzigkeit, die allem Vergänglichen gewährt wird.

Dann sagt man „Sübhanerabbiyel a'la" (Gepriesen sei mein erhabener Herr). Hier wird dem Betenden nahegelegt, dass er seinen allmächtigen Herrn, der frei von Makel ist, verehren soll. Verweilt der Betende sitzend in der Erwähnung des Namen Gottes und Seines Gesandten Muhammed im Einklang mit den Gebeten aller Geschöpfe, gibt er sich selbst als Geschenk an Gott, wobei er Gottes Gesandten grüßt, seine Gotteshuldigung erneuert und dem gewiesenen Weg des Gesandten folgt. Um zur Erneuerung seines Glaubens zu gelangen, und sich des täuschenden Glanzes dieser Welt als Lustschlösschen bewusst zu werden, muss man sich die Einheit des Schöpfers vergegenwärtigen. Das Abendgebet ist eine öffentliche Kundgabe der Herrschaft Gottes und die Botschaft von Schönheit und Güte. Dieses Gebet zu verrichten ist eine reizvolle wie reine Verpflichtung, ist angenehm und von ernsthafter Frömmigkeit. Versteht jemand nicht, dass es in dieser vergänglichen Herberge, Hinweise der ewigen Glückseligkeit gibt, ist sein Wesen unvollkommen.

Zur Zeit der Dämmerung der Nacht breitet sich die Nacht des Universums über der Welt aus. Die letzten Spuren des Tages verschwinden am Horizont. Das Verhältnis der weißen Seite zur schwarzen, des grüngeschmückten Sommers zur kaltblassen des Winters, deutet auf die umfassende allmächtige göttliche Kraft hin.

Der Zeitablauf mahnt an die Vergänglichkeit, die aus dem Verlorengehen der letzten Spuren der Toten in dieser Welt spricht. Hier sehen wir aber in Wirklichkeit den Übergang zur anderen Welt, zum Schöpfer von Leben und Tod. Zu dieser Zeit sollte man sich auch des wirklichen Charakters der zeitlich gebundenen und unbedeutenden Welt, die sich selbst zerstört, die sterbend in ihrer Agonie liegt, eingebettet in die ewige Entwicklung in jenseitiger Hinsicht, erinnern. Man ahnt die gewaltige Herrschaft und Aspekte Seiner Schönheit, der Schönheit des Schöpfers von Himmel und Erde. Nur Er kann der wahre Eigentümer und Besitzer dieser Welt sein; der Tag und Nacht, Sommer und Winter, Welt und Jenseits wie die Seiten eines Buches leichthändig umblättert, ihren Ablauf festlegt, ihre Zerstörung regelt und den Verlauf ändert. So beweist sich die Allmacht Gottes. Und hier gesteht die Seele des Menschen ihre Schwäche, Unfähigkeit und Bedeutungslosigkeit ein, schüttelt es sie angesichts der Dunkelheit des Zukünftigen. Wie Abraham „Ich liebe die nicht, die verschwinden,..." (Koran, 6:76). flüchtet man sich an den Hof des ewigen und unvergänglichen Gottes. Sein Licht leuchtet in der Finsternis dieser Vergänglichkeit und dieser Welt des vielfachen Todes, ein Licht um das der Betende inbrünstig und sehnsuchtsvoll bittet. So erhellt man die Zukunft, streicht man Balsam auf die Geschwüre des Verfalls und der Trennung. Man beachtet so die Gnade des Allbarmherzigen, und die Zukunft wird so erleuchtet von der Gewissheit göttlicher Führung. Gleichzeitig vergisst man die vergängliche und verlassene Welt. Man trägt sein Leid mit weinendem Herzen an den Hof des Erbarmens. Für alle Fälle: Wem ein waches Auge gegeben, der kommt den frommen Verpflichtungen nach. Will man sein Tagebuch mit einem guten Ende schließen, tritt man vor den barmherzigen Schützer hin, seinen Schutz und Trost zu erflehen. Mit der Eröffnungssure „Fatiha" anzufangen, ist eine Vollkommenheit, eine Gnade und ein Trost. Das gilt auch für „Allein Dir dienen wir!" (Koran, 1:5).

Mit dieser Anrede steht der Gläubige in seiner Bedeutungslosigkeit – er ist gleichsam ein Nichts – und seiner Einsamkeit beim Gebet aufrecht vor dem Herrn des Anfangs und des Endes und widmet sich dem, „der die Verfügungsgewalt über den Tag des Gerichtes besitzt" (Koran, 1:4). So wird er zu einem geachteten Gast in dieser Welt.

„Allein Dir dienen wir und nur Dich bitten wir um Hilfe!" (Koran, 1:5). Durch dieses Wort reiht man sich in die Ordnung aller Geschöpfe in ihrem jeweiligen Gebet ein. Durch das Wort: „Leite uns den rechten Weg!" (Koran, 1:6) wird der Weg in die Zukunft erleuchtet, dass heißt, man erkennt den geraden Weg. Wie Soldaten erfüllen doch Pflanzen, Tiere, die nicht sichtbaren Sonnen und erleuchteten Sterne, die in der Herberge dieser Welt Lampen und Diener sind, zu dieser Gebetszeit ihre Aufgaben. Dann ist es naheliegend, dass auch der Mensch an die Erhabenheit des Prächtig-Einen denkend, "Allahu akbar" sagt und sich demütig vor Gott verneigt. So kommt die Demut und Andacht zum Ausdruck in harmonischer Gemeinsamkeit aller Geschöpfe. Vielleicht gleichsam einem bescheidenen Soldaten, der mit dem Befehl „Sei! – und es ist“ (Koran, 2:117) aus dieser Welt entlassen wird. So fügt er sich durch das Wort "Allahu akbar". Mit dem Wort „Sei! – und es ist“ kommt der wiederbelebende Frühling. In der Bereitschaft zum Gottesdienst folgt dieses Menschlein dem allbarmherzigen und allmächtigen Gott in einem Zustand erstaunlicher Liebe und einem ewigen Zugrundegehen.

Sich mit "Allahu akbar" niederwerfen; das heißt, dass das Nachtgebet, wie eine Art geistige Himmelfahrt zu vollziehen ist, ein schöner, ein hehrer, wohltuender und heiliger, wie vernünftiger und angebrachter Dienst der wahrhaft ernsten Frömmigkeit. Du hast sicherlich verstanden, welch eine ernsthafte Wahrheit dies ist.

Also diese 5-mal-täglichen Gebete sind Zeichen einer großen Umgestaltung. Sie sind Ausdruck großer Taten Gottes in der gnadenvollen Gesamtheit. Daher ist es eine Weisheit, die Pflichtgebete in den verteilten Zeitphasen zu verrichten.

1.7 WARUM DAS STÄNDIGE BETEN?[9]

Einst sagte ein Mann hohen Alters und von hohem Rang zu mir: „Die 5-mal-täglichen Gebete sind eine schöne Sache, aber das Gebet jeden Tag fünfmal zu verrichten, das ist doch eine Menge. Da es lange dauert, wird die Sache lästig."

Nachdem der Mann das gesagt hatte, verging eine lange Zeit, in denen ich meiner Seele lauschte, und ich hörte sie genau die gleichen Dinge sagen. Und ich schaute auf meine Seele und bemerkte, dass sie durch das Ohr der Faulheit die gleiche Lektion vom Satan erhalten hatte. Da verstand ich, dass jene Worte stellvertretend für alle Übel befehlenden Seelen gesagt worden waren, beziehungsweise eingeflüstert wurden. So sagte auch ich: „Da meine Triebseele das Böse befiehlt, so kann keiner, der seine eigene Triebseele nicht bändigt, andere bändigen. Daher beginne ich nun bei meiner eigenen Triebseele."

Ich sagte: „O meine Seele! Höre auf die fünf Abschnitte, die die Antworten auf jene Worte sind, die du in totaler

---

[9] aus: Nursi Said: Die Worte. Sözler: Istanbul, 2002, S.345-351

Unwissenheit geäußert hast, auf dem Sofa der Trägheit, im Schlafe der Achtlosigkeit."

Erster Abschnitt:

O meine erbärmliche Seele! Ich frage: Ist denn dein Leben ewig? Hast du ein unumstößliches Dekret, das dir ein Leben bis zum nächsten Jahr und selbst bis zum Morgen zeigt? Was dir Plage verursacht ist deine Einbildung, du würdest auf Erden für immer leben. Du klagst, als ob du in der Welt des Genusses für immer bleiben möchtest. Hättest du verstanden, dass dein irdisches Leben kurz ist, und dass dein Abschied nutzlos ist, dann wüsstest du, dass von vierundzwanzig Stunden eine Stunde für einen schönen, anmutigen, leichten und barmherzigen Gottesdienst zu geben, der das Mittel zum wahren Glück des ewigen Lebens ist, gewiss nicht Plage verursacht, sondern einen wirklichen Eifer und einen anmutigen Genuss hervorbringt.

Zweiter Abschnitt:

O meine Seele, die den Magen anbetet! Jeden Tag isst du Brot, trinkst Wasser und atmest die Luft. Ist das eine Plage? Nein, denn weil das Bedürfnis wiederholt wird, ist es nicht Plage, sondern diese Tätigkeiten geben Genuss. In diesem Fall: das 5-mal-tägliche Gebet sollte dir nicht Plage sein, denn es zieht die Nahrung meines Herzens, das Wasser des Geistes und die Luft deiner Freunde im Hause meines Körpers und meiner Fähigkeiten, an. Ja, die Nahrung und die Stärkung eines Herzens, das bedrängt ist von unendlichen Kümmernissen und Sorgen, und das gefangen ist durch unbegrenzte Süchte und Hoffnungen, kann erlangt werden, indem durch das Bittgebet an das Tor des Allbarmherzigen, Allgroßzügigen und Allmächtigen Einen Gottes geklopft wird. Und wendet man sich der Quelle der Gnade eines Ewig Geliebten durch die 5-mal-täglichen Gebete zu, so kann das Lebenswasser getrunken werden von einem Geist, der mit den meisten Wesen verbunden ist, die geschwind aus dieser vergänglichen Welt scheiden und bei der Trennung aufschreien. Durch das große Bedürfnis nach Luft unter diesen traurigen, zermürbenden, leidvollen, vergänglichen dunklen und erstickenden Umständen dieser Welt kann ein Geist mit einem bewussten inneren Sinn, mit einer leuchtenden, feinedlen Fähigkeit, die von Natur aus ewiges Leben begehrt und für die Ewigkeit geschaffen ist und ein Spiegel für den Vor-Ewigen Gott ist, und die unbegrenzt zart und feinedel ist, nur durch das Fenster des 5-mal-täglichen Gebets atmen.

Dritter Abschnitt:

O meine ungeduldige Seele! Ist es denn überhaupt vernünftig, heute an vergangene Härten der Gottesanbetung, an die Mühe des 5-mal-täglichen Gebets und an die Leiden im Unglück zu denken und deswegen bekümmert zu sein? Und ist es überhaupt vernünftig, sich die zukünftigen Sorgen des Unheils, die zukünftigen Pflichten der Gottesanbetung und des Gebetsdienstes vorzustellen und jetzt schon Ungeduld zu zeigen?

Denn die Mühen von gestern sind heute in Gnade verwandelt; der Schmerz ist vergangen, und der Genuss ist geblieben. Die Schwierigkeit verwandelte sich in Segen, und die Härte in Belohnung. In diesem Fall solltest du darüber nicht bekümmert sein, sondern du solltest dich ernsthaft anstrengen, mit neuem Eifer und frischer Begeisterung weiterzumachen. Und die zukünftigen Tage sind ja noch gar nicht da. An sie jetzt mit Kummer und Leid zu denken, das ist Wahnsinn, so, als wenn man heute an zukünftigen Hunger und Durst denke und jetzt schon aufheule und aufschreie. Da die Wahrheit so ist: wenn du vernünftig bist, so denke doch nur an das Heute hinsichtlich der Gottesanbetung und sage: „Ich opfere eine Tagesstunde für einen anmutigen, angenehmen und erhabenen Gottesdienst, und die Belohnung dafür ist hoch und die Mühe dafür ist gering." Dann wird deine bittere Mutlosigkeit in süßes Bemühen verwandelt.

Und so, meine ungeduldige Seele! Du bist beauftragt, in dreierlei Hinsichten geduldig zu sein. Das eine ist Geduld in der Gottesanbetung. Das andere ist im Vermeiden von Sünden. Und das dritte ist Geduld im Unglück. Bist du intelligent genug, so nimm als deinen Pfadfinder die Wahrheit und spreche mutig: „O Höchst Geduldiger Einer (Gott)!" und schultere die drei Arten von Geduld. Wenn du nicht auf dem falschen Wege die Ausdauerkräfte verschwendest, die der Allmächtige Gott dir gegeben hat, so sind sie genug für jede Schwierigkeit und jedes Unheil. So halte aus mit diesen Kräften!

Vierter Abschnitt:

O meine törichte Seele! Ist diese Pflicht der Gottesanbetung ohne Ergebnis und ist ihre Vergütung gering, dass du von Lässigkeit befallen wirst?

Aber wenn dir jemand ein bisschen Geld gibt oder dich einschüchtert, dann schuftest du pausenlos bis zum Abend. Warum sollten die 5-mal-tägliche Gebete ohne Ergebnis sein? Denn in diesem Gästehaus der Welt sind sie Nahrung und Reichtum für dein ohnmächtiges und schwaches Herz, sowie Nahrung und Licht in deinem Grab, das ein Wohnort für dich sein wird, und bei der Auferstehung, wenn du abgeurteilt werden wirst, ein Dokument und Patent, und auf der Sirat-Brücke, über die du hinüber musst, sind sie Licht und Reittier. Ist da die Vergütung für die 5-mal-täglichen Gebete gering?

Jemand verspricht dir eine bestimmte Geldsumme, und er lässt dich dafür hundert Tage arbeiten. Obwohl er sein Versprechen brechen könnte, vertraust du seinen Worten und schuftest pausenlos. Wenn also Jemand, für den das

Brechen eines Versprechens unmöglich ist, dir Vergütung wie das Paradies verspricht und eine Gabe wie die ewige Glückseligkeit, und wenn Er dich für eine sehr kurze Zeitspanne in einer sehr angenehmen Pflicht einsetzen will; wenn du diese Dienst nicht ausführst oder wenn du Seinem Versprechen nicht glaubst und Seine Gabe herabsetzt, indem du unwillig und schlapp wie ein Zwangsverpflichteter arbeitest, oder wenn du unlustig und geistesabwesend arbeitest, so wirst du viel Verlust davon tragen. Hast du nicht daran gedacht? Obgleich du pausenlos schuftest bei der schwersten Fabrik in der Welt, aus Furcht vor Gefängnis, erfüllt dich dann nicht Furcht vor dem ewigen Verlust im Jenseits mit Eifer für den höchst leichten und angenehmen Dienst?

Fünfter Abschnitt:

O meine weltanbetende Seele! Kommen deine Mutlosigkeit bei der Gottesanbetung und die Nachlässigkeit im 5-mal-täglichen Gebet aus der Mannigfaltigkeit deiner weltlichen Tätigkeiten? Oder kannst du zum 5-mal-täglichen Gebet keine Zeit finden, weil du sie brauchst für den Kampf um die Existenzmittel? Bist du denn nur für diese Welt geschaffen, weil du all deine Zeit für sie ausgibst? Du weißt, dass du durch deine Fähigkeiten allen Tieren überlegen bist, und bei der Besorgung der Existenzmittel für das weltliche Leben kannst du nicht einmal einen Sperling erreichen! **Warum kannst du dann nicht verstehen, dass deine Grundpflicht nicht darin besteht, wie ein Tier zu arbeiten, sondern dich wie ein wahres Menschenwesen für ein wahres und ewiges Leben anzustrengen?** Außerdem; die Beschäftigungen, die du weltliche Tätigkeiten nennst, betreffen dich meistens gar nicht, und sie verstricken dich in aufgeblasene, unwichtige Dinge, die dich verwirren. Du lässt die wesentlichen Dinge links liegen und verbringst deine Zeit damit, unwesentliche Informationen zu sammeln, als ob du tausend Jahre leben würdest und wolltest. Beispielsweise verschwendest du deine wertvolle Zeit für wertlose Dinge, wie: Wie viele Küken gibt es in Amerika? Als ob du ein Experte in der Astrologie oder in der Statistik werden wolltest...

Du magst sagen: „Was mich vom 5-mal-täglichen Gebet und von der Gottesverehrung abhält und mich nachlässig darin werden lässt, das sind nicht derlei unnötige Dinge, sondern das sind wesentliche Dinge wie der Erwerb der Existenzmittel!"

Dazu ist meine Antwort diese: Falls du für ein Tageswerk hundert Euro erhältst, und dann kommt jemand zu dir und sagt: „Komm und grabe hier zehn Minuten lang, und du wirst einen Brillantstein und einen Diamanten im Werte von hundert Euro finden." Wenn du dann antwortest „Nein, ich will nicht kommen, denn zehn Euro werden mir dann vom Lohn abgezogen, und das fehlt mir dann beim Lebensunterhalt!" - so würdest du natürlich begreifen, welch dummer Vorwand das wäre. So ist es auch, dass du in dieser Welt, welches wie ein Obstgarten ist, für deinen Unterhalt. Gibst du das 5-mal-tägliche Gebet auf, so sind all die Früchte deiner Anstrengung nur auf einen weltlichen, unwichtigen, unproduktiven Lebensunterhalt beschränkt. Aber wenn du die Ruhepausen für das 5-mal-tägliche Gebet nutzt, welches das Werkzeug für die Geistesbehaglichkeit und für des Herzens Ruhe ist, dann wirst du zwei geistige Lagerstätten entdekken, die wichtige Quellen sind, sowohl für einen gunsterweisenden weltlichen Lebensunterhalt, als auch für den Lebensunterhalt und die Ausrüstung im Jenseits.

Erste Lagerstätte: Durch eine gute Absicht erhältst du die Gotteslobe und Gottespreise aller Pflanzen und Bäume, blühend und fruchtbringend, die du hegst in deinem Garten.

Zweite Lagerstätte: Alle Gartenprodukte, die gegessen werden, sei es von Tier oder Mensch, von Rindvieh oder

Fliegen, von Käufern oder Dieben, werden zu Zekat aus deinen Händen, wenn du arbeitest im Namen des Wahren Fürsorgers, und wenn du dich als Verteilungsagent siehst, dem Gottes Güter für Seine Geschöpfe gegeben sind. Siehe doch, welch großen Verlust sich jemand selbst zufügt, der das 5-mal-tägliche Gebet aufgibt. Welch bedeutenden Reichtum verliert er! Und er bleibt beraubt jener beiden Resultate der Lagerstätten, die ihm großen Eifer in seiner Anstrengung geben und eine starke Moral in seinen Aktionen sichern; er wird bankrott. Wenn er ein betagter Greis wird, so wird er der Gartenarbeit überdrüssig, verliert das Interesse daran und sagt: „Was geht mich das an? Ich muss bald die Welt verlassen! Warum soll ich mich solch großer Mühe unterziehen?" Er versenkt sich selbst in Trägheit. Stattdessen sollte gesagt werden: „So will ich noch mehr in der Gottesanbetung und in den weltlich erlaubten Bemühungen arbeiten, um noch mehr Licht zu meinem Grabe zu schicken, und um noch mehr Proviant für mein Leben im Jenseits zu sichern."

Kurz: O meine Seele! Wisse, dass das Gestern dich verlassen hat, und für das Morgen hast du keinerlei Zeugnis, dass es dir gehört. In diesem Falle: wisse, dass dein wahres Leben im heutigen Tage ist. So werfe wenigstens eine der Tagesstunden in eine Gebetsstätte oder auf eine Gebetsmatte, sie ist dann ein Koffer für das Jenseits wie ein Reserve-Fond, eingerichtet für die wahre Zukunft. Und wisse, dass für dich und jedermann, jeder neue Tag ein Tor zu einer neuen Welt ist. Wenn du das 5-mal-tägliche Gebet nicht verrichtest, wird diese Welt des heutigen Tages verscheiden als düster und erbärmlich und wird gegen dich bezeugen in der Welt der Gleichnisse (Alem-i Misal). Denn Jedermann hat jeden Tag eine private Welt auf dieser Welt, und deren Natur ist abhängig vom Herzen und Tun des Einzelnen; wie ein prächtiger Palast, der reflektiert im Spiegel, die Farben des Spiegels annimmt, und wenn er schwarz ist, so erscheint er schwarz und wenn er rot ist, so erscheint er rot. Auch nimmt er die Eigenschaften des Spiegels an; und wenn der Spiegel glatt ist, so zeigt er den Palast als klar, und wenn der Spiegel uneben ist, so zeigt er den Palast als verzerrt. **Wie der Spiegel die feinen Dinge verzerrt zeigen kann, so änderst du die Gestalt deiner eigenen Welt mit deinem Herzen, deinem Verstand, deinem Tun und deiner Wünsche.** Du bringst sie dazu, dass sie entweder für dich zeugt oder gegen dich. Wenn du die 5-mal-täglichen Gebete verrichtest, so wirst du durch sie gegen die Welt des Glorreichen Machers gewendet, und ganz plötzlich wird diese Welt, die auf dich blickt, entzündet. **Das 5-mal-tägliche Gebet ist ganz einfach wie eine elektrische Lampe, und dein Wille zum 5-mal-täglichen Gebet berührt den Lichtschalter.** Das 5-mal-tägliche Gebet zerstreut die Düsternis jener Welt und zeigt, dass die Wandlungen und Bewegungen innerhalb der verwirrten Einzelheiten doch weise und zweckhafte Ordnung sind und eine sinnvolle Schrift der Göttlichen Kraft: „Gott ist das Licht der Himmel und der Erde" (Koran, 24:35).

Ein Licht dieses lichtausstrahlenden Koranverses verstreuen die 5-mal-täglichen Gebete über dein Herz, und deine Welt an jenem Tage ist beleuchtet durch die Reflexion jenes Lichts. Und das Licht wird den Koranvers veranlassen, durch seine Leuchtkraft zu deinen Gunsten zu zeugen.

Sage aber nicht: „Was sind meine Gebete im Vergleich mit der Realität der Gebete?" Denn wie der Same der Dattelpalme den voll erwachsenen Baum beschreibt, so beschreibt das 5-mal-tägliche Gebet deinen Baum. Der Unterschied liegt nur in der Zusammenfassung und in den Details; wie das 5-mal-tägliche Gebet eines großen Heiligen so hat das 5-mal-tägliche Gebet eines einfachen Mannes wie du und ich, selbst wenn er es nicht bemerkt, einen Anteil an jenem Licht. Es gibt ein Mysterium in dieser Wahrheit, selbst wenn das Bewusstsein das nicht erfasst... aber das Entfalten und Beleuchten differiert entsprechend der Grade jener, die das 5-mal-tägliche Gebet verrichten. Genauso, wie es viele Stufen und Grade vom Samen der Dattelpalme bis zum reifen Baum gibt, so sind in den Graden des 5-mal-täglichen Gebets ebenfalls zahlreiche Stufen vorhanden. Aber in jedem Grad steckt die Basis jener leuchtenden Wahrheit.

O Gott! Gewähre Gottesheil dem Propheten Muhammed (Friede sei mit Ihm), der sagte, „Das 5-mal-tägliche Gebet ist der Pfeiler der Religion" (Beyhaki, Keşfül Hafa, 1621) und gewähre Gottesheil allen Mitgliedern seiner Sippe und all seinen Gefährten.

1.8 ZWEIFEL BEIM GEBET[10]

Im Namen Gottes, des Gnädigen, des Fürsorglichen!

Und sage: „O mein Herrgott! Ich suche Zuflucht bei Dir vor den Einflüsterungen der Satane. Und ich suche Zuflucht bei Dir, o mein Herrgott, damit sie mir nicht nahe kommen!" (Koran, 23:97–98).

O du Mensch, bedrängt von der Krankheit des Zweifels! Weißt du, wem deine Zweifel ähneln? Einem Unglück! Je wichtiger du die Zweifel nimmst, desto mehr wachsen sie an. Gibst du ihnen keine Wichtigkeit, so sterben sie ab. Wenn du sie groß siehst, so werden sie größer. Wenn du sie klein siehst, so werden sie kleiner. Wenn du sie fürchtest, so schwellen sie an und machen dich krank. Wenn du sie nicht fürchtest, so werden sie leicht und bleiben verborgen. Wenn du ihre wahre Natur nicht erkennst, so bleiben sie und verfestigen sich. Aber wenn du sie erkennst und sie durchschaust, so verschwinden sie. Und so erkläre ich dir nun Fünf Aspekte, die aus der Masse jener unheilvollen Aspekte als häufigste vorkommen. Vielleicht kann der Text hier heilsam für dich und mich sein, denn diese Versuchungen sind

[10] aus: Nursi Said: Die Worte. Sözler: Istanbul, 2002, S.352-358

solcherart, dass Unwissenheit sie einlädt und Wissen sie abweist. Wenn du sie nicht durchschaust, so kommen sie, aber wenn du sie durchschaust, so gehen sie.

Erster Aspekt:

Der Satan wirft zuerst einen Zweifel ins Herz. Wenn das Herz den Zweifel nicht annimmt, so verwandelt sich der Zweifel in Schmähung. Geschildert werden der Einbildung ein paar unsaubere Erinnerungen und ungehörige, hässliche Zustände, die der Schmähung ähneln, und sie lassen das Herz ausrufen „Wehe!" und lassen es in Verzweiflung fallen. Der Mensch, der an Zweifel leidet, nimmt an, dass er vor seinem Herrgott falsch gehandelt hat, und er fühlt schreckliche Aufregung und Angst. Um sich davor zu retten, flieht er vor der Göttlichen Gegenwart, und er will sich in Achtlosigkeit hineinstürzen.

Das Heilmittel für diese Wunde ist dies:

O erbärmlicher Mensch, an Versuchung leidend! Sei nicht bestürzt! Denn was in deinen Sinn, in den Gedanken, kommt, ist nicht Schmähung, sondern etwas Eingebildetes. Und wenn über Unglauben nachdenken nicht Unglaube ist, so ist über Schmähung nachzudenken nicht Schmähung. **Denn gemäß der Logik ist Nachdenken kein Urteil.** Und überdies, jene hässlichen Worte sind nicht die Worte deines Herzens, denn dein Herz ist traurig und betrübt über sie.

Vielmehr kommen sie von einer inneren Fähigkeit, die in der Nähe des Herzens gelegen ist, und die das Werkzeug der satanischen Einflüsterungen ist. Der Schaden der Versuchung ist das Denken an den Schaden, d.h., man leidet Schaden im Herzen, weil man sie für schädlich hält. Denn man hält ein Denken für Realität, das bar des Urteils ist. Ebenfalls, man würde etwas dem Herzen zuschreiben, was Satans Werk ist; man meint, Satans Worte kämen vom Herzen. Solch ein Mensch denkt sich das als schädlich, und so wird es schädlich. Das ist auf alle Fälle das, was Satan will.

Zweiter Aspekt:

Es ist dies: wenn Gedanken im Herzen aufsteigen, so betreten sie, die Form abgestreift, die Einbildung; und in der Einbildung werden sie mit Form bekleidet. Und die Einbildung, immer unter einer Ursache, webt Formen von einer (bestimmten) Sorte. Sie verlässt auf dem Wege die Formen der Dinge, denen sie Wichtigkeit beilegt. Welcher Gedanke auch durch die Einbildung hindurchgeht, sie bekleidet sie entweder oder trägt sie oder färbt sie oder verhüllt sie. Sind die Sinne oder Gedanken rein und sauber, aber die Formen schmutzig und gemein, so gibt es kein Bekleiden, sondern da ist Kontakt. Der Mensch mit Zweifeln verwechselt den Kontakt mit dem Bekleiden. Er ruft aus: „Wehe! Wie verdorben wurde mein Herz. Diese Niedrigkeit und Gemeinheit macht mich fertig!“ Der Satan benutzt diese seine Stimmung.

Das Heilmittel für diese Wunde ist wie folgt:

Höre, o du Unglücklicher! Gerade wie die äußere Sauberkeit, die das Werkzeug zur sauberen Korrektheit deiner 5-mal-täglichen Gebete ist, nicht beeinflusst ist von der Unsauberkeit deiner Gedärme und Eingeweide und durch diese nicht besudelt wird, so auch werden die heiligen Sinne, die den unsauberen Formen nahe sind, nicht beschädigt. Beispielsweise denkst du über das göttliche Zeichen nach. Plötzlich fühlst du dich krank oder du fühlst Appetit oder den Druck, Urin abgeben zu müssen. Natürlich sieht deine Einbildung, was notwendig ist, um die Krankheit oder den Bedürfnisdruck zu heilen und wird darauf sehen und wird langsam für sie niederträchtige Formen weben, und die auftauchenden Sinne werden zwischen ihnen hindurch drängen. Aber da ist kein Schaden in ihrem Passieren, noch ist Besudeln, noch Irrtum, noch Verletzung. Sind da irgendwelche Fehler, dann nur darin, dass ihnen eine Aufmerksamkeit gezollt wurde, und dass man sich Schaden ersonnen hat.

Dritter Aspekt:

Es ist dies: Es gibt gewisse verborgene Beziehungen zwischen den Dingen. Es gibt sogar die Fäden der Beziehungen in Dingen, wo du es gar nicht erwartest. Sie sind entweder in den Tatsachen, oder deine Einbildung machte sie gemäß der Kunst, mit der sie beschäftigt war, und verknüpfte die Beziehungen. Es ist wegen dieses Mysteriums der Beziehungen, dass man zuweilen zwar ein heiliges Ding sieht, aber Einem doch Schmutziges in den Sinn, ins Bewusstsein, kommen. In der Wissenschaft der Rhetorik wird gesagt: „Gegensatz, der die Ursache der Entfernung in der äußeren Welt ist, ist die Ursache der Nähe in der Einbildung.“ Das heißt: das Werkzeug, um die Formen von zwei Gegenteilen zusammen zu bringen, ist eine imaginäre Verknüpfung. Das Operieren im Verstand, das aus dieser Verknüpfung entsteht, wird die Assoziation von Ideen genannt.

Beispiel: Während du die 5-mal-tägliche Gebete verrichtest oder Fürbitten vor der Kaaba aussprichst - in der Göttlichen Gegenwart - obgleich du über koranische Verse nachsinnst, ergreift dich diese Assoziation von Ideen und treibt dich hinweg zum weitesten und niedrigsten Unsinn. Ist dein Kopf mit der Assoziation der Ideen solcherart bedrängt, halt! Sei nicht bestürzt! Vielmehr, im Moment, da du nüchternen Sinnes wirst, so wende dich ab. Sage nicht: „Ich habe eine große Missetat begangen“ und versteife dich dann darauf, denn sonst gewinnt durch deine Aufmerksamkeit jene schwache Verbindung Stärke. Denn je mehr Bedauern du zeigst, desto mehr Wichtigkeit gibst du der Sache, und deine schwache Erinnerung an die Sache verwurzelt sich, und es entsteht eine eingebildete Krankheit. Fürchte dich nicht; das ist keine Krankheit des Herzens. Diese Sorte der Wiedererinnerung ist meistens unwillentlich. Besonders bei sensiblen, nervösen Leuten ist das häufiger zu finden. Der Satan arbeitet sehr an der Quelle dieser Art von Versuchung.

Die Heilung für diese Wunde ist wie folgt:

Die Assoziation der Ideen ist meistens unfreiwillig. Man ist für sie nicht verantwortlich. Und in der Assoziation ist Nähe; da ist kein Berühren oder Vermischen. Daher geht die Natur der Ideen nicht von der einen zur anderen über und schädigt sich nicht gegenseitig. Gerade wie der Satan und der Engel der Inspiration rund ums Herz einander nahe sind, und genauso wie Sünder und Fromme im gleichen Haus einander nahe sind und sich nicht schaden, so gilt, dass, wenn beim Einsetzen der Ideenassoziation schmutzige Vorstellungen kommen und sich zwischen reine Gedanken drängen, so verursachen sie doch keinen Schaden. Bis es nicht Absicht ist oder in dem man sie für schädlich hält, so ist man zu sehr beschäftigt mit ihnen. Und zuweilen wird das Herz ermüdet, und der Geist, der aktiv sein will, beschäftigt sich mit allem, was ihm nahe kommt. Dann findet der Satan eine Gelegenheit, und er streut schmutzige Dinge hinein und treibt die Sache voran.

Vierter Aspekt:

Dies ist ein Skrupel, der dann entsteht, wenn man nach der besten Form der Tat sucht. Handelt es sich um die Gottesfurcht, so wird, je strenger er wird, umso strenger wird der Zustand für die Person. Es wird sogar solch ein Punkt erreicht, dass auf der Suche nach der besten Form der Tat der Mensch in etwas Ungesetzliches stürzen kann. Zuweilen lässt die Suche nach einer Sunna den Menschen etwas Verpflichtendes aufgeben. Er sagt: „Ich bezweifle, ob meine Tat gesund war." Und er wiederholt das. Dieser Zustand dauert an, und der Mensch fällt in schreckliche Verzweiflung. Satan zieht Vorteil aus dem Zustand und verwundet den Menschen. Für diese Wunde gibt es zwei Heilmittel.

Das Erste Heilmittel:

Zweifel wie diese entsprechen der Denkweise der Mutasiliten[11], die sagen: „Taten und Dinge, für die ein Mensch verantwortlich ist, sind entweder in sich gut oder bezüglich des Jenseits gut, und wegen dieser Güte sind sie dem Menschen anbefohlen. Oder aber sie sind schlecht, und weil sie schlecht sind, so sind sie verboten. Das bedeutet: vom Standpunkt der Realität und vom Standpunkt des Jenseits hängt das Gute und Böse von den Dingen selber ab, und Gottes Gebot und Verbot folgt diesem." Gemäß dieser Gedankenschule entsteht der folgende Zweifel in jeder Tat, die ein Mensch ausführt: „Ich zweifle, ob meine Tat in der guten Weise ausgeübt wird, die sie in ihrer Essenz ist." Aber die wahre Gedankenschule der Ahl-i Sunna wal Dschama'at (Leute der Sunna Muhammeds und seiner Gemeinschaft) sagt: „Der Allmächtige Gott befiehlt eine Sache, und dann wird sie eben gut. Er verbietet eine Sache, und so wird sie eben böse." Das heißt: Güte entsteht auf Befehl (Gottes), und Schlechtigkeit wird existent durch Verbot (Gottes). **Das Gute und das Böse schauen auf das Bewusstsein dessen, der die Tat ausführt, und sie werden danach beurteilt.** Und diese Güte und diese Schlechtigkeit sind nicht im offenkundigen und auf die Welt blickenden Gesicht, sondern im Gesicht, das auf das Jenseits schaut

Beispiel: Du verrichtest das 5-mal-tägliche Gebet, und du nimmst die rituelle Reinigung (Abdest) durch. Und da gibt es etwas, was dein Gebet oder die Reinigung ungültig machen würde, aber du bist dir dessen gänzlich nicht bewusst. Dein Gebet und deine Reinigung sind daher beide korrekt und gültig. Aber der Mutasilit sagt: „In Wirklichkeit waren mein Gebet und meine Reinigung schlecht und inkorrekt.

---

[11] Älteste spekulative Schule in der Glaubenslehre des Islam, die nur auf ihren Verstand aufbaute und sagte, „der Mensch ist Schöpfer seiner Taten". Diese Gruppe ist innerhalb des Islam einer der Ersten, die in Abwegen gekommen ist. Der Gründer dieser Denkweise ist Vasil Ibn-i Ata. Sie leugnet den Einfluss der göttlichen auf die menschlichen Taten. Sie werden auch Kadariyya genannt.

Aber es kann von dir als gültig betrachtet werden, weil du unwissend warst und nicht wusstest, und daher hast du eine Entschuldigung." Gemäß der Schule der Ahl-i Sunna sage daher nicht über eine Tat, die verträglich mit den Ritualen der Islam ist: „Ich zweifle, ob die Tat korrekt war." Habe über sie keine Zweifel. Vielmehr, sage: „War sie (von Gott) akzeptiert?" Werde nicht stolz und verblendet.

Das Zweite Heilmittel:

Dies ist: „Es gibt keinen Zwang im Glauben" (Koran, 2:256). Da die vier Rechtschulen wahr sind, und da das Bemerken eines Fehlers, was zur Suche nach Vergebung führt - für einen Menschen, der von Versuchung bedrängt wird - lobenswerter ist als die Selbstbeweihräucherung, das heißt also: Es ist besser, wenn dieser Mensch seine Tat als makelhaft ansieht und die Vergebung Gottes sucht, als dass er sie als gut ansieht und in Hochmut verfällt; da dies so ist, wirf deinen Zweifel weg und sage zum Satan: „Dieser Zustand ist eine Schwierigkeit. Es ist schwierig, sich der Realität der Dinge bewusst zu sein. Es widerspricht der Leichtigkeit in der Religion, ausgedrückt durch den Satz: 'Es gibt keinen Zwang im Glauben'. Es widerspricht auch dem Prinzip: 'Religion ist Leichtigkeit'. Sicherlich, diese meine Tat ist entspricht einer wahren Rechtsschule. Das ist genug für mich. Und gerade dadurch, dass ich meine Schwäche bekenne, weil ich die Gottesanbetung nicht in einer ihr würdigen Weise machen kann, nehme ich Zuflucht zur Barmherzigkeit Gottes, und demütig suche ich die Vergebung Gottes, und demütig flehe ich, dass meine fehlerhaften Taten von Gott angenommen werden."

Fünfter Aspekt:

In Glaubensangelegenheiten sind Versuchungen das, was in der Form von Zweifeln aufkommt. Der unglückliche Mensch, der an Versuchung leidet, verwechselt zuweilen Wahrnehmungen in seinem Verstand mit Vorstellungen

(Gedankenbildern). Das heißt: er hält einen Zweifel, der zu seiner Einbildung kommt, für einen Zweifel, der seinen Verstand betreten hat, und er meint, dass seine Glaubensvorstellung besudelt worden sei. Und zuweilen meint er, ein gedachter Zweifel habe seinen Glauben beschädigt. Und zuweilen meint er, ein gedachter Zweifel sei von seiner Vernunft bestätigt worden. Und zuweilen meint er, das Nachsinnen über eine Sache, die den Unglauben betrifft, sei Unglaube selber. Das heißt: **er meint, es sei glaubensfeindlich, wenn er sein Vermögen ausübt nachzudenken, um die Ursachen der Irreleitung zu verstehen, sie zu studieren und sie in unparteiischer Weise zu durchdenken.** Er gerät in Furcht bei seinen Gedankenbildern, die aus den Einflüsterungen des Satans kommen, und er ruft aus: „Wehe! Mein Herz ist verdorben, und mein Glaube ist besudelt!" Da diese Zustände meistens unfreiwillig sind, und da er sie durch seine Willenskraft nicht stoppen kann, so stürzt er in Verzweiflung.

Das Heilmittel für diese Wunde ist wie folgt:

Gerade wie das Sich-Vorstellen von Unglaube nicht Unglaube selber ist, so ist auch das Erwägen von Unglaube noch kein Unglaube. Und gerade wie es keine Irreleitung ist, sich die Irreleitung vorzustellen, so ist Nachsinnen über die Irreleitung keine Irreleitung. Denn Sich-Vorstellen, Erwägen, Vermuten und Nachsinnen sind nicht wie die Bestätigung mit der Vernunft und unterscheiden sich von der Hingabe des Herzens. Sie sind also etwas anderes. Sie sind bis zu einem Grade frei. Sie hören nicht auf die Fähigkeit des Wollens. Sie fallen nicht unter die Verpflichtung der Religion. Aber Bestätigung und Hingabe sind nicht dergleichen; sie hängen von einer Balance ab. Und gerade wie Sich-Vorstellen, Erwägen, Vermuten und Nachsinnen keine Bestätigung und Hingabe sind, so können sie auch nicht als Zweifel oder Zögern definiert werden. Aber wenn sie unnötigerweise wiederholt werden und sich festsetzen, dann kann aus ihnen ein wirklicher Zweifel entstehen. Ständig Partei für die Gegenseite zu ergreifen und dies unvoreingenommenes logisches Denken oder Fairness zu nennen, kann einen Punkt erreichen, dass solch ein Mensch unfreiwillig die Gegenseite begünstigt. Seine Parteinahme für die Wahrheit, was er sollte, wird zerschlagen. Auch er gerät in Gefahr. Und es setzt sich in seinem Hirn fest, wodurch er ein Agent Satans oder des Feindes wird.

Der wichtigste Vorbehalt dieser Art ist dieser: Der Mensch, der daran leidet, verwechselt etwas, was tatsächlich möglich ist, mit etwas, was gedanklich möglich ist. Das heißt: Falls er etwas sieht, was aus sich selbst möglich ist, so dünkt ihm das gedanklich möglich und gedanklich zweifelhaft. Aber ein Prinzip der Theologie ist: Etwas, das aus sich selbst möglich ist, ist nicht gegensätzlich zur Gewissheit, die aus der Erkenntnis kommt, und es widerspricht nicht den Forderungen der Vernunft. Zum Beispiel: Dass das Schwarze Meer in diesem Moment in die Erde versinkt, ist in sich möglich, aber wir urteilen mit Gewissheit, dass das Schwarze Meer an seiner Stelle bleibt, und wir wissen das, ohne es zu bezweifeln, und diese Möglichkeit, die tatsächlich möglich ist, verursacht uns keine Zweifel und rüttelt nicht an unserer Gewissheit. Und zum Beispiel: Es ist in sich selbst möglich, dass es heute keinen Sonnenuntergang gibt, oder dass es morgen keinen Sonnenaufgang gibt. Aber diese Möglichkeit schadet nicht unserer Gewissheit und erweckt keinerlei Zweifel. Grundlose Befürchtungen, die aus Möglichkeiten dieser Art kommen, wie beispielsweise das Aufhören des Lebens dieser Welt und das Wiedererscheinen des Lebens im Jenseits, was sogar Glaubensdoktrinen sind, schaden nicht der Gewissheit des Glaubens. Weiterhin, die gutbekannte Regel "Eine Möglichkeit, die nicht aus irgendwelchem Beweis oder Zeugnis kommt, hat keine Bedeutung!" ist eine der festgesetzten Prinzipien der Wissenschaft von den Grundlagen der Religion und der Jurisprudenz.

Du magst sagen: „Was sind Sinn und Zweck in Versuchungen, die uns heimsuchen, und die so Schaden und Bedrängnis für die Gläubigen sind?"

Die Antwort:

Unter der Bedingung, dass sie nicht zum Exzess führen oder den Menschen überwältigen, sind die Vorbehalte selbst die Ursache der Wachsamkeit, führen zur Suche nach dem besten Wege und sind das Werkzeug zur Ernsthaftigkeit. Sie verbannen die Gleichgültigkeit und verstoßen die Sorglosigkeit. Daher; in diesem Reich der Prüfung und in dieser Arena des Wettbewerbs gibt der Absolut Weise Eine (Gott) die Versuchung in die Hand des Satans als eine Peitsche des Ansporns für uns. Er (Satan) schlägt uns damit auf den Kopf. Wenn die Peitsche zu sehr verletzt, dann sollte man klagen vor Gott, dem All-Weisen und All-Barmherzigen, und man sollte sagen: „Euzubillahimineşşeytanirracim Bismillahirrahmanir-rahim" (Ich suche Zuflucht vor dem verfluchten Teufel bei Gott. Im Namen Gottes, des Barmherzigen, des Allerbarmers)[12].

---

[12] Hadith: Bukhari; Bed'ül Hak: 11; Edeb: 76; Müslim: Birr 109; Ebu Dawud, Salat: 18; Tirmizi, Mevakit: 65.

1.9 EINE STRATEGIE DES SATANS[13]

Eine der gefährlichsten Strategien Satans ist diese: Er lässt gewisse sensitive und tölpelhafte Leute das „Sich-den-Unglauben-vorstellen" mit dem „Den-Unglauben-bestätigen" verwechseln. Satan zeigt, als wäre das Vorstellen der Irreleitung die Bestätigung der Irreleitung. Er produziert in ihrer Vorstellung äußerst hässliche Gedanken über heilige Personen und heilige Dinge. Auch zeigt er Dinge, die wesentlich notwendig sind, zusammen mit jenen, die gedanklich möglich sind, und so lässt er diese Dinge als Zweifel erscheinen, die der Gewissheit des Glaubens entgegengesetzt sind. Wenn dann der armselige sensitive Mensch meint, er sei in Irreleitung gefallen, und dass seine Glaubensgewissheit verloren sei, fällt er in Verzweiflung und Verwirrung, so dass er entweder verrückt wird oder spricht: „Alles ist verloren!" und die Irreleitung ergreift.

---

[13] aus: Nursi Said: Die Lichtblitze. Sözler Verlag: Istanbul, 2007, S.84-86

Wir haben in einigen Kapiteln erläutert, wie substanzlos diese Strategien Satans sind und daher diskutieren wir sie nur kurz wie folgt: Wie das Bild einer Schlange im Spiegel nicht beißen kann, noch wie der Gedanke an Dreck beschmutzen kann, so können die Gedanken an Unglaube und Götzentum, sowie die Schatten der Irreleitung, und die Vorstellungen des hässlichen Missbrauchs und hässlicher Worte im Spiegel der Vorstellung oder des Denkens den Glauben nicht verderben, nicht verändern und respektvolle Höflichkeit nicht beschädigen. Denn die gut bekannte Regel lautet: „So wie das Vorstellen von Missbrauch kein Missbrauch ist, wie auch das Vorstellen des Unglaubens kein Unglauben ist, so ist das Vorstellen der Irreleitung keine Irreleitung."

Was die Frage der Glaubenszweifel anbelangt: Möglichkeiten, die wesentlich möglich sind, sind nicht der Glaubensgewissheit entgegengesetzt und schaden ihr nicht. Eins der festgesetzten Regeln der Wissenschaft der Prinzipien der Religion ist: „Etwas, das von sich aus möglich ist, ist nicht der vom Wissen gelieferten Gewissheit entgegengesetzt." Beispielsweise, wir sind sicher, dass der Barla-See (in Südwestanatolien) an seinem Ort aus Wasser besteht. Aber es ist in sich möglich, dass der See in diesem Moment in den Untergrund versinkt. Das Absinken des Barla-Sees ist innerhalb der Schranken der Möglichkeit. Aber da diese Möglichkeit nicht auf Grund irgendeines Hinweises angenommen werden kann, kann sie keine vernünftige Möglichkeit sein und so Zweifel verursachen. Denn eine andere festgesetzte Regel der Prinzipien der Religion ist: "Eine Möglichkeit, die nicht aus irgendwelchem Beweis oder Zeugnis kommt, hat keine Bedeutung!"

Das heißt: Eine wesentliche Möglichkeit, die nicht aus irgendeinem Anzeichen kommt, kann keine vernünftige Möglichkeit sein und so Zweifel verursachen und Wichtigkeit gewährleisten. Der unglückliche Mensch, diesen satanischen Einflüsterungen ausgesetzt, glaubt, dass wegen solcher wesentlicher Möglichkeiten er seinen sicheren Glauben an die Glaubenswahrheiten verloren habe. Beispielsweise, zahlreiche wesentliche Möglichkeiten über die menschlichen Aspekte des Edlen Propheten Muhammed (Friede sei mit Ihm) fallen ihm ein, die der Gewissheit seines Glaubens nicht schaden, aber er meint, dass sie dies getan haben, und erst hierdurch erleidet er Schaden.

Auch suggeriert Satan zuweilen schlechte Dinge über den Allmächtigen Gott, indem er dem Herzen einflüstert. Der Mann zittert und er meint, sein Herz sei verdorben, weil er solche Dinge sagt. **Aber seine Furcht und sein Zittern und seine mangelnde Zustimmung zeigen, dass diese Worte nicht aus seinem Herzen kommen**. Sie kommen vielmehr aus den satanischen Einflüsterungen, und durch Satan wurden sie als Gedanken eingegeben.

Unter den feinedlen Fähigkeiten des Menschen sind eine oder zwei, die ich nicht spezifizieren konnte. Diese Fähigkeiten achten nicht auf den Willen und die Wahrheit; ja, sie können nicht verantwortlich gemacht werden. Zuweilen leiten sie, hören nicht auf die Wahrheit und treten in falsche Dinge ein. Dann flüstert Satan zum Menschen: „Deine Kapazität ist nicht verträglich mit Wahrheit und Glaube, so begehst du unwillkürlich Dinge, die falsch und eitel sind. Das bedeutet, dein Fatum hat dich zum Untergang verurteilt."

Der arme Wicht fällt in Verzweiflung und geht zugrunde. Das Bollwerk des Gläubigen angesichts obiger Strategien Satans sind die Glaubenswahrheiten und die unstrittigen Bestimmungen des Koran, und deren Grenzen werden definiert durch die Prinzipien von gereinigten aktiven Gelehrten. Und angesichts der satanischen Strategien ist das Bollwerk des Gläubigen, Zuflucht bei Gott zu suchen und ihnen keine Wichtigkeit beizumessen. Denn je mehr Wichtigkeit ihnen gegeben wird, desto mehr ziehen sie Aufmerksamkeit an, und sie wachsen und schwellen an. **Gegengift und Heilmittel des Gläubigen für solche spirituellen Wunden ist, der Sunna des Propheten Muhammed (Friede sei mit Ihm) zu folgen.**

II.
PRAXIS

2.1 DAS GEBET

Durch das Gebet wird der Tagesablauf eines Muslims in einen geregelten, stressfreien Ablauf verwandelt. Durch die Aufteilung in fünf Abschnitte, teilt der Muslim seinen Tag systematisch auf. Die Aktivitäten im Laufe des Tages richten sich nach dem Gebet aus.

Absicht (Niyet)

Die Absichtsbekundung (Niyet) ist Islam wichtiger als man denkt. Sie ist ein zentraler Punkt in der islamischen Theologie. Unser Prophet Muhammed (Friede sei mit Ihm) sagte: „Handlungen sind entsprechend den Absichten" (Buhârî, Bedül-Vahy, 1; Müslim, İmâre, 155). **Erst eine aufrichtige Absicht (Niyet mit İhlas) macht aus einer gewöhnlichen und unbedeutenden Handlung einen Gottesdienst (İbadet).** Eine Waschung wird erst durch die Absicht (Niyet) zur Reinigung. Eine Geldspende wird erst durch die Absicht (Niyet) zu Zekat. Ein Hungern wird zum Fasten. Mit der Absicht verkündet man, dass man etwas für Gott macht. Man sagt: „Dies ist für dich, mein Schöpfer."

So muss vor jedem Gebet die Absicht ausgesprochen werden. Die Absicht für das Mittagsgebet wird folgendermaßen formuliert: „Ich beabsichtige, um Gottes Wohlgefallen zu erlangen, den Pflichtteil (bzw. den Freiwilligenteil) des Mittagsgebetes zu verrichten." Damit wird verdeutlicht, dass das Gebet nur für Gott verrichtet wird und nicht für weltliche Ziele.

Die Gebetszeiten

Im Koran heißt es: „Das Gebet ist für die Gläubigen eine für bestimmte Zeiten festgesetzte Vorschrift" (Koran, 4:103). Diese bestimmten Zeiten sind die fünf Tagesabschnitte. Demnach sind die fünf Gebetszeiten folgendermaßen aufgeteilt:

1. Morgengebet (türkisch: Sabah; arabisch: Fadjr)
2. Mittagsgebet (türkisch: Öğlen; arabisch: Zuhr)
3. Nachmittagsgebet (türkisch: İkindi; arabisch: Asr)
4. Abendgebet (türkisch: Akşam; arabisch: Magreb)
5. Nachtgebet (türkisch: Yatsı; arabisch: Ischa´a)

Da sich die Zeiten nach der Sonne richten, ändern sich die Gebetszeiten von Ort zu Ort und der Jahreszeit. So hat jeder Muslim einen Gebetskalender zu Hause, auf dem die Zeiten für die verschiedenen Orte eingetragen sind. Im Gebetskalender ist eine weitere Zeit eingetragen: Zwischen dem Morgengebet und dem Mittagsgebet ist die Zeit des Sonnenaufgangs (türkisch: Güneş; arabisch: Shuruk) angegeben.

Die Dauer der Gebete ist recht unterschiedlich. Durchschnittlich sind es zwischen fünf und zehn Minuten. Es hängt damit zusammen, ob man kürzere oder längere Teile aus dem Koran liest.

Ein Gebet muss in der Zeit bis zum Anfang des nächsten Gebetes verrichtet werden. Das Morgengebet muss bis zum

Sonnenaufgang verrichtet werden. Besser ist es, wenn man die Gebete rechtzeitig verrichtet. Dazu unser Prophet: „Das Gebet, welches rechtzeitig verrichtet wird, ist für Gott der wichtigste Gottesdienst“ (Mansur Ali Nâsıf, Tâcül Câmiu lil Usul fi Ehâdisi Resul, B.1, S.135). Daher sollte man die Gebete nicht verspäten oder verschieben.

Rekat

Als ein Rekat bezeichnet man eine Einheit im Gebet, die aus Stehen, Verbeugen und Niederwerfen besteht. Die Gebete bestehen aus mehreren solcher Rekats.

Pflichtteil (Farz) – Freiwilliger Teil

Jedes Gebet besteht aus verschiedenen Teilen. Es gibt einen Pflichtteil und einen freiwilligen Teil (Sunna = Tradition des Propheten). Der freiwillige Teil verliert aber nicht an Bedeutung, nur weil es freiwillig zu leisten ist. Sie gehört zur Tradition des Propheten Muhammed (Friede sei auf Ihm) und ist deshalb eine wichtige Stütze für jeden Muslim. Dem Propheten zu folgen und seine eigenen Handlungen nach Ihm zu richten, ist eine lobenswerte Einstellung, im Hinblick auf die islamische Lehre.

Während der freiwillige Teil alleine gebetet werden muss, kann der Pflichtteil sowohl alleine, als auch in der Gemeinschaft gebetet werden. Das letztere wird bevorzugt. Beide Gebetsteile werden gleichermaßen gebetet. Es gibt nur kleine Unterschiede beim Lesen, die später im Kapitel „Gebet mit Bildern“ erklärt werden.

Die Verteilung der einzelnen Teile in den verschiedenen Gebetszeiten sieht folgendermaßen aus:

Morgengebet (Sabah, Fadjr):

2 Rekat Freiwilliger Teil

2 Rekat Pflichtteil

Mittagsgebet (Öğlen, Zuhr):
4 Rekat Freiwilliger Teil
4 Rekat Pflichtteil
2 Rekat Freiwilliger Teil

Nachmittagsgebet (İkindi, Asr):
4 Rekat Freiwilliger Teil
4 Rekat Pflichtteil

Abendgebet (Akşam, Magreb):
3 Rekat Pflichtteil
2 Rekat Freiwilliger Teil

Nachtgebet (Yatsı, Ischa´a):
4 Rekat Freiwilliger Teil
4 Rekat Pflichtteil
2 Rekat Freiwilliger Teil
3 Rekat Pflichtteil (Vitr-Gebet)

Sauberkeit – Hygiene – Reinigung

Vor dem Gebet muss eine rituelle Reinigung (türkisch: Abdest; arabisch: Wudu) durchgeführt werden. Diese rituelle Reinigung wird im nächsten Kapitel an Hand von Bildern erklärt. Zudem muss aber gewährleistet werden, dass die Kleidung und der Boden, auf dem man betet sauber sind. Sauber bedeutet u.a., dass keine Urin-, Blut- oder Alkoholflecken auf der Kleidung oder auf dem Boden sind. Diese gelten als unrein. Erdreste oder Pflanzen gelten dabei nicht als unrein.

Körperbedeckung

Sowohl für Männer als auch für Frauen gibt es eine Bedeckungsform, die auch beim Gebet gilt. Während sich die Männer von den Knien bis zum Bauchnabel bedecken, gibt es für die Frauen eine Ganzkörperbedeckung. Nur das Gesicht, die Hände und die Füße der Frauen müssen nicht bedeckt werden. Weiterhin sollten Männer, wie auch Frauen, keine enge Kleidung tragen.

Die Gebetsrichtung

Beim Gebet richtet sich der Muslim in Richtung auf die Kaaba, die sich in Mekka, Saudi Arabien befindet. Die Kaaba ist die erste Gebetsstätte für Gott auf Erden. Laut einer Überlieferung wurde diese Gebetsstätte von den Propheten Abraham und Ismail (Friede sei auf Ihnen) errichtet. Es gibt aber auch Hinweise darauf, dass schon der Prophet und erster Mensch Adam (Friede sei auf Ihm) schon an dieser Stelle Gott anbetete. Man betet aber nicht die Kaaba an. Dies ist nur symbolisch gemeint und zeigt die Einigkeit der Muslime und den Universalcharakter des Islams, da sich alle Muslime der Welt in die gleiche Richtung wenden.

Die Gebetsrichtung kann mit einem herkömmlichen Kompass bestimmt werden. Heut zu Tage jedoch, gibt es in fast jeder Stadt eine Moschee, so dass es kein Problem darstellen sollte, die Richtung herauszufinden. Sollte jedoch kein Kompass und keine Moschee zu finden sein, reicht es aus, in die Richtung zu beten, in der man Mekka vermutet oder schätzt. Denn das Gebet kann nicht ausgelassen werden, nur weil man die Richtung nicht bestimmen konnte. Es ist aber wichtig, dass man wenigstens eine kleine Anstrengung unternimmt, um die Richtung herauszufinden. Dies ist notwendig.

Der Gebetsruf

Es ist zwar nicht zwingend notwendig, gehört aber zur Tradition des Propheten (Sunna), vor dem Gebet den Gebetsruf (Ezan) auszurufen. Der Gebetsruf wird folgendermaßen verlautet:

Gott ist größer. Gott ist größer.
Gott ist größer. Gott ist größer.
Ich bezeuge,
dass es keine Gottheit außer dem einen Gott gibt.
Ich bezeuge,
dass es keine Gottheit außer dem einen Gott gibt.
Ich bezeuge, dass Muhammed der Gesandte Gottes ist.
Ich bezeuge, dass Muhammed der Gesandte Gottes ist.
Komm zum Gebet. Komm zum Gebet.
Komm zur Rettung. Komm zur Rettung.
Gott ist größer. Gott ist größer.
Es gibt keine Gottheit außer dem einen Gott.

Beim Freitagsgebet wird der Gebetsruf zweimal ausgerufen. Das erste Mal vor dem eigentlichen Gebet, das zweite Mal vor der Freitagspredigt.

Beim Morgengebet kommt nach „Komm zur Rettung" noch folgender Zusatz:

Das Gebet ist besser als der Schlaf.
Das Gebet ist besser als der Schlaf.

Beim Pflichtteil des Gebetes wird ebenfalls ein spezieller Gebetsruf (Kamet) ausgerufen. Nach „Komm zu Rettung" kommt hier folgender Zusatz:

Das Gebet hat begonnen.
Das Gebet hat begonnen.

Durch diese Rufe weißt der Muslim, der sich z.B. in einem anderen Raum der Moschee befindet, dass die Gebetszeit angefangen hat.

Um den Gebetsruf zu verlauten, ist es nicht zwingend notwendig, auf ein Minarett zu steigen. Heut zu Tage wird dies mit technischen Hilfsmitteln, wie z.B. Mikrofon und Lautsprecher, erledigt. Das Minarett dient nur noch als Symbol für Außenstehende Muslime, um zu signalisieren, wo sich eine Moschee befindet.

2.2 DIE REINIGUNG

Während das Gebet die Seele reinigt, dient die rituelle Reinigung (Abdest, Wudu) der äußerlichen Reinigung. Um das Gebet verrichten zu können, ist eine Reinigung notwendig. Die Reinigung muss nur dann vor jedem Gebet wiederholt werden, wenn man in der Zwischenzeit folgendes gemacht hat:

- Schlafen
- Stuhlgang oder Wasserablassen
- Austritt von Eiter oder Blut; wenn man der hanefitischen Rechtsschule angehört, muss man die Reinigung wiederholen, falls man eine Handvoll geblutet hat oder das Blut auf andere Körperteile oder Gegenstände übertragen wurde
- Eine Watte o.ä. vom Geschlechtsorgan wieder entfernen
- Luft durch die hintere Körperöffnung
- Eine Handvoll Erbrechen
- Ohnmächtig werden
- Gebären eines Kindes

• Wenn beim Kuscheln zwischen Mann und Frau eine Flüssigkeit oder Feuchtigkeit von den Geschlechtsorganen austritt

• Beim Gebet so laut Lachen, dass es ein Gebetsnachbar hören könnte

Wenn nichts davon auf den Muslim zutrifft, kann er theoretisch nach nur einer Reinigung mehrere Gebete verrichten.

Ganzkörperwaschung (Ghusul)

In folgenden Situationen reicht die Reinigung allerdings nicht aus:

• Nach dem Ende der Periode oder des Wochenbetts bei Frauen

• Samenerguss beim Geschlechtsverkehr oder nachts beim Schlafen

Hiernach muss man die Ganzkörperwaschung (Ghusul) vornehmen. Diese geht folgendermaßen:

a) Man spült sich dreimal den Mund aus (genauso wie bei der „normalen" Reinigung; siehe dazu das Bild).

b) Nun wird dreimal die Nase gewaschen (auch hier kann man sich das Bild bei der „normalen" Reinigung zur Hilfe heranziehen).

c) Der ganze Körper wird komplett gewaschen, bis keine trockene Stelle bleibt.

Diese drei Punkte sind verpflichtend, damit die Ganzkörperwaschung stattfinden kann. Weiterhin ist es besser, die Reinigung nach dem Vorbild des Propheten durchzuführen. Dies geht dann folgendermaßen:

1. Bevor man anfängt, sagt man „Euzubillahimineşşeytanirracim Bismillahir-rahmanirrahim" (Ich suche Zuflucht vor dem verfluchten Teufel bei Gott. Im Namen Gottes, des Barmherzigen, des Allerbarmers).

2. Danach spricht man die Absicht (Niyet) aus: „Ich beabsichtige, um Gottes Wohlgefallen zu erlangen, die Ganzkörperwaschung durchzuführen.

3. Man wäscht sich die Geschlechtsorgane.

4. Nun führt man die gewöhnliche Reinigung durch.

5. Der ganze Körper wird komplett gewaschen.

6. Man fängt erst mit der rechten Schulter an, sich zu waschen.

7. Die Füße wäscht man sich als letztes.

2.3 DIE REINIGUNG IN BILDERN

Zunächst wird die **Absicht (Niyet)** ausgesprochen: „Ich beabsichtige, um Gottes Wohlgefallen zu erlangen, die Reinigung durchzuführen." Danach werden die Hände bis zu den Handgelenken gewaschen.

Man wäscht sich dreimal den Mund, in dem man mit der rechten Hand Wasser in den Mund nimmt und es dann ausspült.

Als nächstes nimmt man sich mit der rechten Hand Wasser in die Nase…

… und putzt die Nase mit der linken Hand. Dies wiederholt man ebenfalls dreimal.

Als nächstes wird dreimal das Gesicht gewaschen.

Nach der Gesichtswaschung wäscht man sich mit der linken Hand den rechten Unterarm bis zum Ellenbogen; wieder das ganze dreimal.

Auch der linke Unterarm wird dreimal mit der rechten Hand bis zum Ellenbogen gewaschen.

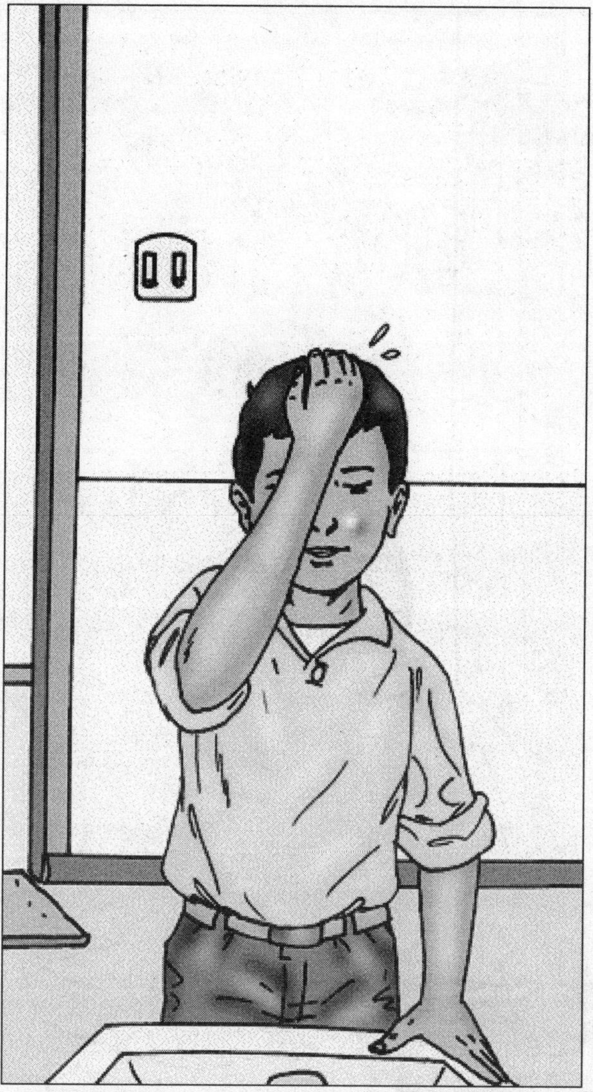

Danach befeuchtet man sich mit der rechten Hand ein Viertel der Haare. Das kann z.B., wie auf dem Bild zu sehen, die Vorderseite des Kopfes sein.

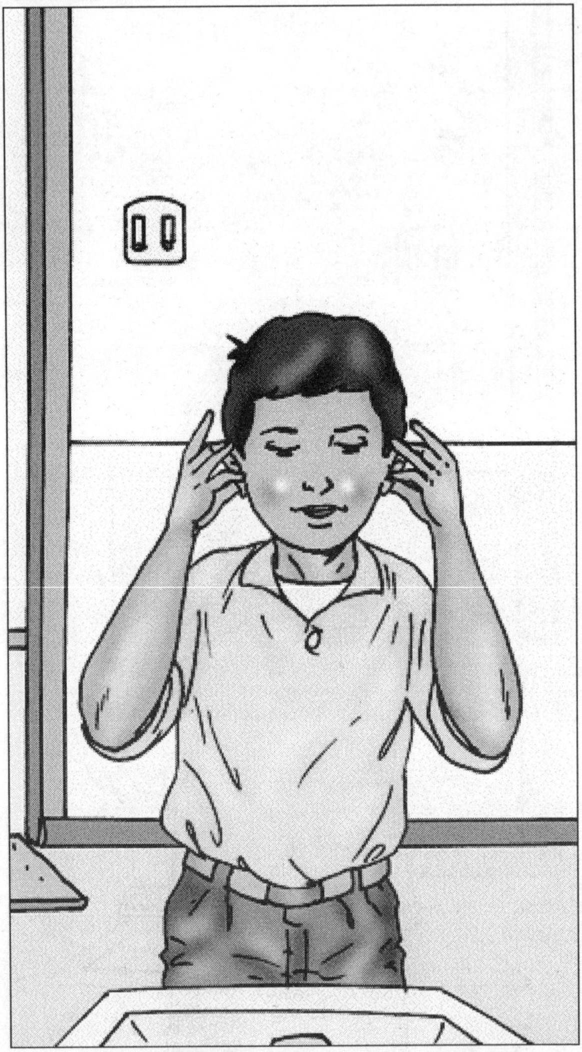

Nun sind die Ohren an der Reihe. Die kleinen Finger packt man ins Ohrloch; die Daumen sind dabei hinter dem Ohr. Man putzt die Ohren und wäscht sich die Hand danach.

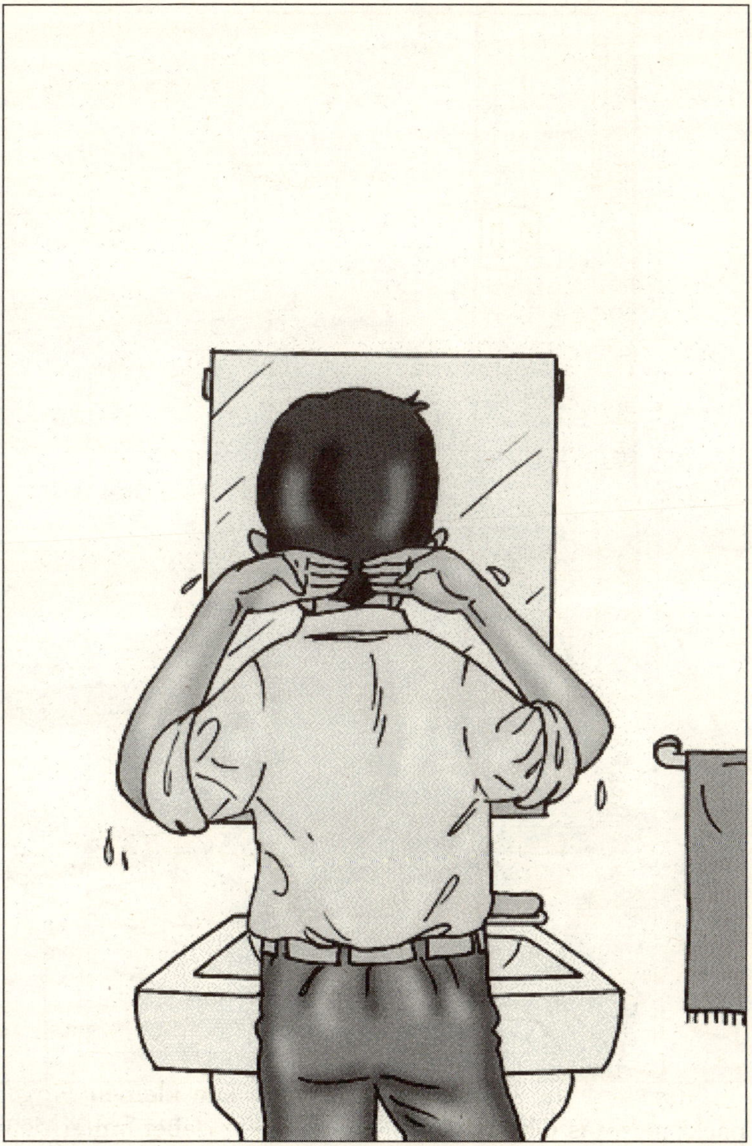

Danach wird mit der Vorderhand der Nacken angefeuchtet.

Als letztes sind die Füße an der Reihe. Zunächst wäscht man sich mit der linken Hand den rechten Fuß bis zu den Knöcheln.

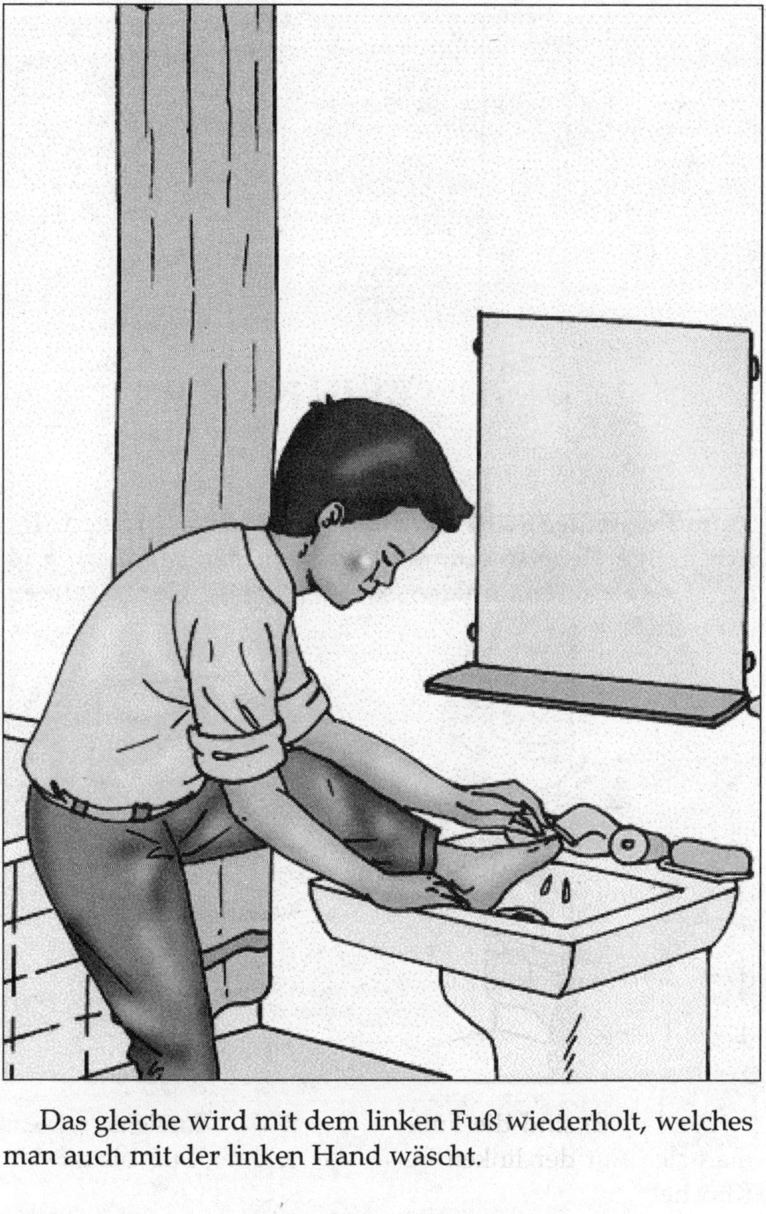

Das gleiche wird mit dem linken Fuß wiederholt, welches man auch mit der linken Hand wäscht.

2.4 DAS GEBET IN BILDERN

Im Folgenden wird das Gebet in Bildern erläutert. Da sich einige Gebetshaltungen zwischen den Männern und den Frauen unterscheiden, werden beide Gebetsformen dargestellt.

Vor Beginn des Gebetes hat man die Arme an den Oberschenkeln. Die Augen sind nach unten, wohin man sich gleich verbeugen wird, gerichtet. Zwischen den Füßen sollte ein Abstand von vier Fingern sein.

In dieser Stellung, **Kıyam** genannt, wird die **Absicht (Niyet)** ausgesprochen. Diese heißt z.B. für das Mittagsgebet folgendermaßen: „Ich beabsichtige, um Gottes Wohlgefallen zu erlangen, den Pflichtteil (bzw. den Freiwilligenteil) des Mittagsgebetes zu verrichten." Hier gibt es keinen Unterschied bei Frauen und Männern.

Man sagt „Allahu akbar“ (Gott ist größer), führt die Hände zu den Ohren und berührt die Ohren mit den Daumen. Hiermit wird folgendes symbolisiert: „Alles weltliche, Alles, was nicht mit Gott zu tun hat, vergesse ich für diesen Moment. Ich schmeiße alles hinter mich und widme mich nur meinem Schöpfer zu, der mich mehr liebt als alles und jeder, sogar mehr als ich mich selbst.“

Die Frauen machen das gleiche, nur dass sie nicht ihre Ohren berühren, sondern die Hände in Schulterhöhe bringen. Diese Bewegung nennt man **Tekbir**.

Nun legt man die linke Hand über den Bauchnabel und die rechte Hand etwas unter die linke.

Man befindet sich nun in der **Kıraat**-Position. In dieser Haltung liest man zunächst „Subhaneke" (siehe dazu Kapitel „Rezitation im Gebet"). Danach wird Folgendes gesagt:

„Euzubillahimineşşeytanirracim Bismillahirrahmanir-rahim" (Ich suche Zuflucht vor dem verfluchten Teufel bei Gott. Im Namen Gottes, des Barmherzigen, des Allerbarmers). Anschließend wird „Bismillahirrahmanir-rahim" (Im Namen Gottes, des Barmherzigen, des Allerbarmers) gesag und die „Fatiha" gelesen.

Nach der „Fatiha" kann man sich einen bestimmten Teil (einen ganzen Kapitel oder einige Verse) aus dem Koran aussuchen und es lesen. Gelesen werden muss wenigstens ein Vers aus dem Koran. Beispiele für kurze Teile aus dem Koran gibt es im Kapitel „Rezitation im Gebet".

Wenn man das nächste Mal aufsteht, sagt man im 2. Rekat „Bismillahirrahmanir-rahim", liest die „Fatiha" und einen Teil aus dem Koran.

In den 3. und 4. Rekats ändert sich das je nach Gebet. Um dies verständlicher zu machen, folgt nun eine Tabelle.

Im 1. Rekat eines jeden Gebetes:

- Subhaneke
- „Euzubillahimineşşeytanirracim Bismillahirrahmanir-rahim"
- Fatiha
- Etwas beliebiges aus dem Koran

Im 2. Rekat eines jeden Gebetes:

- „Bismillahirrahmanirrahim"
- Fatiha
- Etwas beliebiges aus dem Koran

Im 3. und 4. Rekat beim Pflichtteil der Gebete:

- „Bismillahirrahmanirrahim"

- Fatiha

Im 3. Rekat beim freiwilligen Teil der Gebete (außer beim Pflichtteil des Mittagsgebetes):

- Subhaneke
- „Euzubillahimineşşeytanirracim Bismillahirrahmanirrahim"
- Fatiha
- Etwas beliebiges aus dem Koran

Im 4. Rekat beim freiwilligen Teil der Gebete (außer beim Pflichtteil des Mittagsgebetes)

- „Bismillahirrahmanirrahim"
- Fatiha
- Etwas beliebiges aus dem Koran

Im 3. und 4. Rekat beim freiwilligen Teil des Mittagsgebetes:

- „Bismillahirrahmanirrahim"
- Fatiha
- Etwas beliebiges aus dem Koran

Eine übersichtlichere und ausführlichere Auflistung folgt in Kapitel „Tabellarischer Ablauf der Gebete".

Die Frauen lesen das gleiche. Nur wird die Hand nicht über dem Bauchnabel, sondern über der Brust gehalten. Die rechte Hand liegt direkt auf der linken.

„Allahu akbar“ sagend verbeugt man sich nun und berührt mit den Händen die Knie. Die Knien und Ellenbogen sollten nicht gebeugt werden. Rücken und Kopf sollten auf gleicher Höhe sein. Man befindet sich nun in der **Ruku-**Stellung. In dieser Stellung wird dreimal „Sübhanerabbiyelazim“ (Gepriesen sei mein großer Herr!) gesagt.

Die Frauen machen die gleiche Bewegung, nur dass sie sich halb so viel wie die Männer nach vorne verbeugen.

„Semiallahul'imen Hamideh … rabbena lekel hamd" (Allah hört den, der Ihn preist … unser Herr, Lob sei dir) sagend, richtet man sich wieder auf. Diese Stellung nennt man **Kawm**. Sie ist bei Männern und Frauen gleich.

Wieder sagt man „Allahu akbar“ und kniet diesmal auf den Boden. Zuerst berühren die Knie den Boden, dann die Hände und zuletzt die Stirn. Zwischen dem Bauch und den Knien muss etwas Freiraum gelassen werden. Die Daumen berühren die Nase, welches zusammen mit dem Stirn den Boden berührt. Die Füße sind auf den Zehen. Die Ellenbogen angehoben. Die Stellung nennt man **Sedjde**. Man sagt nun „Sübhanerabbiyel a'la“ (Gepriesen sei mein erhabener Herr!).

Bei den Frauen berührt die Unterhand den Boden. Zudem beugen sie sich nicht so weit vor wie die Männer. Die Knie sind näher zum Bauch. Die Füße sind auf den Zehen. Auch sie sagen „Sübhanerabbiyel a'la“ (Gepriesen sei mein erhabener Herr!).

„Allahu akbar" sagend hebt man den Oberkörper, so dass man nun sitzt. Die Hände sind auf den Schenkeln über den Knien. Der rechte Fuß steht auf den Zehen. Der linke Fuß liegt auf dem Boden und ist nach rechts gebeugt, so als würde man auf dem linken Fuß sitzen. Diese Position ist die **Jelse**-Stellung.

Die Frauen sagen das gleiche, sitzen nur anders. Siehe folgendes Bild.

Beide Füße sind nach rechts gebeugt und zeigen nach rechts.

Man wartet nun einige Sekunden, sagt wieder „Allahu akbar" und verbeugt sich wieder in die **Sedjde**-Stellung. Hier sagt man wieder „Sübhanerabbiyel a'la" (Gepriesen sei mein erhabener Herr!).

Auch die Frauen verbeugen sich mit „Allahu akbar" in die Sedjde-Stellung und sagen „Sübhanerabbiyel a'la" (Gepriesen sei mein erhabener Herr!).

Nun ist der 1. Rekat fertig. Man steht „Allahu akbar" sagend auf, in dem man zuerst den Kopf, dann die Hände und dann die Knie vom Boden entfernt. Nun wird das ganze wiederholt. Nur beim 2. und 4. Rekat und bei Gebeten, die nur 3 Rekat haben beim 3. Rekat, steht man nicht auf, sondern setzt sich, wie in der Abbildung unten, hin.

Der rechte Fuß steht wieder auf den Zehen. Der linke Fuß ist nach rechts gebeugt, so als würde man auf dem linken Fuß sitzen. Die Augen schauen auf die Sedjde-Position, also auf die Fläche, auf die man gerade sein Kopf gelegt hatte.

Wenn man sich im 2. Rekat von Gebeten befindet, die 3 oder 4 Rekat haben, liest man in dieser Stellung „Ettehiyyatu" und steht dann wieder auf. Ausnahme beim Pflichtteil des Nachmittags- und Nachtgebetes: Hier liest man „Ettehiyyatu" und „Salli-Barik" und steht erst dann auf.

Falls man im letzten Rekat ist, liest man „Ettehiyyatu", „Salli-Barik" und „Rabbena". Dies ist ohne Ausnahme bei allen Gebeten der Fall.

Die Frauen lesen zwar das gleiche, aber ihre Sitzhaltung ist anders. Siehe folgendes Bild.

Beide Füße zeigen wieder nach rechts.

Falls das Gebet nicht zu Ende ist, sagt man „Allahu akbar“ und steht für den 3. Rekat auf. Man wiederholt nun alles. Falls das Gebet nur 3 Rekat hat, setzt man sich beim 3. hin, so wie beim 2. oder 4. Am Ende von „Rabbena“ steht man nicht auf und beendet das Gebet folgendermaßen:

Zum Abschluss schaut man rechts auf die Schultern und sagt: „Esselamu Aleikum ve rahmetullah" (Friede sei mit euch und die Gnade Gottes). Damit wünscht man seinem Gebetsnachbar oder den Engeln Gottes Frieden und Barmherzigkeit.

Dann schaut man nach links auf die Schultern und sagt ebenfalls: „Esselamu Aleikum ve rahmetullah". Hier gibt es keine Unterschiede zwischen Männern und Frauen. Das Gebet ist somit vollendet. Zum Abschluss kann man folgendes sagen: „Allahumme entesselamu ve min kes-selam, tebarekte ya zel-celali vel ikram" (O Allah, Du bist der Friede und aus Dir kommt der Friede hervor. Voller Segen bist Du, voller Majestät und Ehre).

2.5 TABELLARISCHER ABLAUF DER GEBETE

Dieses Kapitel dient dazu, einen tabellarischen Verlauf der verschiedenen Gebete aufzulisten, um ein schnelleres Nachschlagen zu ermöglichen. Auf diese Weise sollte es möglich sein, jedes Gebet schnell und einfach zu lernen.

Anmerkung: „Koran“ bedeutet in der Tabelle, dass eine beliebige Stelle aus dem Koran rezitiert werden kann. „Euzu…“ soll „Euzubillahimineşşeytanirracim Bismillahir-rahmanirrahim“ und „Bismillah…“ soll Bismillahirrahmanirrahim“ bedeuten.

Pflichtteil und freiwillige Teil des Morgengebetes:

1. Rekat	2. Rekat
Tekbir	Bismillah…
Subhaneke	Fatiha
Euzu…	Koran
Fatiha	Ruku

Koran	Kawm
Ruku	Sedjde
Kawm	Jelse
Sedjde	Sedjde
Jelse	Sitzen
Sedjde	Ettehiyyatu
	Salli-Barik
	Rabbena
	Gruß

Freiwillige Teil (4 Rekat) des Mittagsgebetes:

1. Rekat	2. Rekat	3. Rekat	4. Rekat
Tekbir	Bismillah	Bismillah	Bismillah
Subhaneke	Fatiha	Fatiha	Fatiha
Euzu…	Koran	Koran	Koran
Fatiha	Ruku	Ruku	Ruku
Koran	Kawm	Kawm	Kawm
Ruku	Sedjde	Sedjde	Sedjde
Kawm	Jelse	Jelse	Jelse
Sedjde	Sedjde	Sedjde	Sedjde
Jelse	Sitzen		Sitzen
Sedjde	Ettehiyyatu		Ettehiyyatu
			Salli-Barik
			Rabbena
			Gruß

Pflichtteil des Mittagsgebetes:

1. Rekat	2. Rekat	3. Rekat	4. Rekat
Tekbir	Bismillah	Bismillah	Bismillah
Subhaneke	Fatiha	Fatiha	Fatiha
Euzu…	Koran	Ruku	Ruku
Fatiha	Ruku	Kawm	Kawm
Koran	Kawm	Sedjde	Sedjde
Ruku	Sedjde	Jelse	Jelse
Kawm	Jelse	Sedjde	Sedjde
Sedjde	Sedjde		Sitzen
Jelse	Sitzen		Ettehiyyatu
Sedjde	Ettehiyyatu		Salli-Barik
			Rabbena
			Gruß

Freiwillige Teil (2 Rekat) des Mittagsgebetes:

Siehe freiwilligen Teil des Morgengebetes, da es gleichermaßen gebetet wird.

Freiwillige Teil des Nachmittagsgebetes:

1.Rekat	2.Rekat	3.Rekat	4.Rekat
Tekbir	Bismillah	Subhaneke	Bismillah
Subhaneke	Fatiha	Euzu…	Fatiha
Euzu…	Koran	Fatiha	Koran
Fatiha	Ruku	Koran	Ruku
Koran	Kawm	Ruku	Kawm
Ruku	Sedjde	Kawm	Sedjde

Kawm	Jelse	Sedjde	Jelse
Sedjde	Sedjde	Jelse	Sedjde
Jelse	Sitzen	Sedjde	Sitzen
Sedjde	Ettehiyyatu		Ettehiyyatu
	Salli-Barik		Salli-Barik
			Rabbena
			Gruß

Pflichtteil des Nachmittagsgebetes:

Der Pflichtteil des Nachmittagsgebetes wird genauso wie der Pflichtteil des Mittagsgebetes verrichtet.

Pflichtteil des Abendgebetes:

1.Rekat	2.Rekat	3.Rekat
Tekbir	Bismillah	Bismillah
Subhaneke	Fatiha	Fatiha
Euzu…	Koran	Ruku
Fatiha	Ruku	Kawm
Koran	Kawm	Sedjde
Ruku	Sedjde	Jelse
Kawm	Jelse	Sedjde
Sedjde	Sedjde	Sitzen
Jelse	Sitzen	Ettehiyyatu
Sedjde	Ettehiyyatu	Salli-Barik
		Rabbena
		Gruß

Freiwillige Teil des Abendgebetes:

Dieser Teil wird genauso wie der freiwillige Teil des Morgengebetes verrichtet.

Freiwillige Teil (4 Rekat) des Nachtgebetes:

Wird genauso verrichtet wie der freiwillige Teil des Nachmittagsgebetes.

Pflichtteil des Nachtgebetes:

Man verrichtet dieses Gebet wie der Pflichtteil des Mittagsgebetes.

Freiwillige Teil (2 Rekat) des Nachtgebetes:

Auch dieses Gebet wird wie der freiwillige Teil des Morgengebetes verrichtet.

Pflichtteil des Nachtgebetes (Vitr-Gebet):

1.Rekat	2.Rekat	3.Rekat
Tekbir	Bismillah	Bismillah
Subhaneke	Fatiha	Fatiha
Euzu…	Koran	Koran
Fatiha	Ruku	Tekbir
Koran	Kawm	Kunut
Ruku	Sedjde	Ruku
Kawm	Jelse	Kawm
Sedjde	Sedjde	Sedjde
Jelse	Sitzen	Jelse
Sedjde	Ettehiyyatu	Sedjde
		Sitzen
		Ettehiyyatu
		Salli-Barik
		Rabbena
		Gruß

2.6 REZITATION IM GEBET

Im rituellen Gebet werden verschiedene Kapitel aus dem Koran und mündliche Gebete rezitiert. Nachfolgend sind einige dieser Kapitel und Gebete aufgelistet. Wann sie gelesen werden, kann man dem vorangegangenen Kapitel (Das Gebet mit Bildern) entnehmen. Die Kapitel, die man beim Gebet nach „Fatiha" liest, befinden sich auch hier nach „Fatiha".

Subhaneke

سُبْحَانَكَ اللّٰهُمَّ وَبِحَمْدِكَ وَتَبَارَكَ اسْمُكَ وَتَعَالٰى جَدُّكَ
(وَجَلَّ ثَنَآؤُكَ) وَلآَ اِلٰهَ غَيْرُكَ

Aussprache: Sübhanekel-lahümme vebi-hamdik vetebarekesmük veteala ceddük (ve celle senauk) vela ilahe gayruk.

(Anmerkung: Der Teil in den Klammern wird nicht beim Gebet, sondern nur beim Totengebet gelesen).

Übersetzung: *Preis sei Dir, o Allah und Lob sei Dir und gesegnet ist Dein Name und hoch erhaben ist Deine Herrschaft und es gibt keinen Gott außer Dir.*

Ettehiyyatü

اَلتَّحِيَّاتُ لِلّٰهِ وَالصَّلَوَاتُ وَالطَّيِّبَاتُ ❁ اَلسَّلَامُ عَلَيْكَ
اَيُّهَا النَّبِىُّ وَرَحْمَةُ اللّٰهِ وَبَرَكَاتُهُ ❁ اَلسَّلَامُ عَلَيْنَا وَعَلٰى
عِبَادِ اللّٰهِ الصَّالِحِينَ ❁ اَشْهَدُ اَنْ لَآ اِلٰهَ اِلَّا اللّٰهُ ❁
وَاَشْهَدُ اَنَّ مُحَمَّداً عَبْدُهُ وَرَسُولُهُ ❁

Aussprache: Ettehiyyatü-Lillahi ves-salevatü vet-tayyibat esselamü aleyke eyyühen nebiyyü ve rahmetüllahi ve berakatüh, es-selamü aleyna ve ala ibadillahis-salihin. Eşhedü en la ilahe illallah. Ve eşhüde enne Muhammeden abdühü ve Rasulüh.

Übersetzung: *Grüße, Gebete und die guten Dinge gehören Allah. Friede sei über dir, Oh Prophet, und die Barmherzigkeit Allahs und Sein Segen. Friede sei über uns und den aufrechten Dienern Allahs. Ich bezeuge, dass es keinen Gott gibt außer Allah, und ich bezeuge, dass Muhammad sein Diener ist und sein Gesandter.*

Salli-Barik

اَللّٰهُمَّ صَلِّ عَلٰى مُحَمَّدٍ وَعَلٰٓى اٰلِ مُحَمَّدٍ ❁
كَمَا صَلَّيْتَ عَلٰٓى اِبْرَاهِيمَ وَعَلٰٓى اٰلِ اِبْرَاهِيمَ ❁
اِنَّكَ حَمِيدٌ مَجِيدٌ ❁

Aussprache: Allahümme salli ala Muhammediv ve ala al-i Muhammed kema salleyte ala Ibrahime ve ala al-i Ibrahim inneke Hamidün Mecid.

Allahümme barik ala Muhammediv ve ala al-i Muhammed kema barekte ala Ibrahime ve ala al-i Ibrahim inneke Hamidün Mecid.

Übersetzung: *O Allah, segne Muhammed und seine Nachfolger wie Du Ibrahim und seine Nachfolger gesegnet hast. Wahrlich, Du bist der zu Lobende, der Ruhmreiche. O Allah, segne Muhammed und seine Nachfolger wie Du Ibrahim und seine Nachfolger gesegnet hast. Wahrlich Du bist der zu Lobende, der Ruhmreiche.*

Rabbena

رَبَّنَآ اٰتِنَا فِى الدُّنْيَا حَسَنَةً وَفِى الْاٰخِرَةِ حَسَنَةً

وَقِنَا عَذَابَ النَّارِ ❁ رَبَّنَا اغْفِرْلِى وَلِوَالِدَىَّ

وَلِلْمُؤْمِنِينَ يَوْمَ يَقُومُ الْحِسَابِ ❁

Aussprache: Rabbena atina fiddünya hasenetev ve fil-ahireti hasenetev ve kına azaben-nar.

Rabbenağ firli veli valideyye velil mü´minine yevme yeкümül hisab. Birahmetike ya Erhamerrahimin.

Übersetzung: *O Allah, gib uns im Diesseits Gutes und im Jenseits Gutes und behüte vor der Strafe des Höllenfeuers. O Allah, vergebe mir, meiner Mutter, meinem Vater und allen Muslimen, am Jüngsten Tag.*

Amentu

اٰمَنْتُ بِاللّٰهِ وَمَلٰٓئِكَتِهٖ وَكُتُبِهٖ وَرُسُلِهٖ وَالْيَوْمِ الْاٰخِرِ

وَبِالْقَدَرِ خَيْرِهٖ وَشَرِّهٖ مِنَ اللّٰهِ تَعَالٰى ❁ وَالْبَعْثُ

بَعْدَ الْمَوْتِ حَقٌّ ❁ اَشْهَدُ اَنْ لَآ اِلٰهَ اِلاَّ اللّٰهُ ❁

وَاَشْهَدُ اَنَّ مُحَمَّداً عَبْدُهُ وَرَسُولُهُ ❁

Aussprache: Amentü billahi ve melaiketihi ve kütübihi ve rusülihi vel yevmil ahiri ve bilkaderi hayrihi ve şerrihi minallahi Teâlâ Vel-ba´sü ba´del mevt hakkun Eşhedü enla ilahe illallah ve eşhedü enne Muhammeden abdühü ve Resülüh.

Übersetzung: Ich glaube an die Existenz Gottes, an Seine Engel, an Seine Bücher, an Seine Propheten, an das Jenseits, daran, dass das Gute und das Schlechte von Gott kommt und dass die Widerauferstehung wahrhaftig ist. Ich bezeuge, dass es keine Gottheit außer dem einen Gott gibt. Ich bezeuge, dass Muhammed der Gesandte Gottes ist.

Kunut:

اَللّٰهُمَّ اِنَّا نَسْتَعِينُكَ وَنَسْتَغْفِرُكَ وَنَسْتَهْدِيكَ ❁

وَنُؤْمِنُ بِكَ وَنَتُوبُ اِلَيْكَ ❁ وَنَتَوَكَّلُ عَلَيْكَ ❁

وَنُثْنِى عَلَيْكَ الْخَيْرَ كُلَّهُ نَشْكُرُكَ وَلاَ نَكْفُرُكَ ❁

وَنَخْلَعُ وَنَتْرُكُ مَنْ يَفْجُرُكَ ❁

اَللّٰهُمَّ اِيَّاكَ نَعْبُدُ وَلَكَ نُصَلّٖى وَنَسْجُدُ ❁ وَاِلَيْكَ نَسْعٰى وَنَحْفِدُ ❁ نَرْجُوا رَحْمَتَكَ وَنَخْشٰى عَذَابَكَ ❁ اِنَّ عَذَابَكَ بِالْكُفَّارِ مُلْحِقٌ ❁

Aussprache: Allahümme inna nes´teinüke ve nes´tağfiruke ve nes´tehdike ve nü´minü bike ve netubü ileyki ve netevekkelü aleyke ve nüs´ni aleykel-hayra küllehü neş´küruke ve la nekfüruke ve nah´leu ve net´rukü men yefcürük.

Allahümme iyyake, na´büdü ve leke nüsalli ve nes´cüdü ileyke nes´a ve nah´fidü nar´cu rahmeteke ve nah´şa azabeke inne azabeke bil´küffari mül´hık.

Übersetzung: *Unser Gott, wir rufen Dich um Hilfe an und erflehen Deine Vergebung. Wir glauben an Dich und verlassen uns auf Dich. Alles Gute verdanken wir Dir. Wir danken Dir und verleugnen Dich nicht. Wir verlassen Deinen Wiedersacher und sagen ihm ab. Unser Gott, Dir dienen wir und zu Dir beten wir, und vor Dir werfen wir uns nieder. Zu dir eilen wir und eifern um Dein Wohlwollen. Wir erhoffen Deine Gnadenfülle und fürchten Deine Strafe. Gewiss. Deine Strafe wird die Ungläubigen treffen.*

Fatiha

بِسْمِ اللّٰهِ الرَّحْمٰنِ الرَّحٖيمِ ❁

اَلْحَمْدُ لِلّٰهِ رَبِّ الْعَالَمٖينَ ❁ اَلرَّحْمٰنِ الرَّحٖيمِ ❁ مَالِكِ يَوْمِ الدّٖينِ ❁ اِيَّاكَ نَعْبُدُ وَاِيَّاكَ نَسْتَعٖينُ ❁ اِهْدِنَا الصِّرَاطَ الْمُسْتَقٖيمَ ❁ صِرَاطَ الَّذٖينَ اَنْعَمْتَ

عَلَيْهِمْ غَيْرِ الْمَغْضُوبِ عَلَيْهِمْ وَلاَ الضَّآلِّينَ

Aussprache: Bismillahirrahmanirrahim. El-hamdü lillahi Rabbil-alemiyn. Er-Rahmanir-Rahiym. Maliki yevmid-diyn. İyyake-nabüdü ve iyyake-nesteiyn. Ihdinas-sıratal-müstekıym. Sıratalleziyne en´amte aleyhim, gayril-mağdubi aleyhim ve leddalliyn.

Übersetzung: *Im Namen Allahs, des Barmherzigen, des Gütigen. Lob sei Allah, dem Herrn der Menschen in aller Welt (al-`aalamuun) dem Barmherzigen und Gütigen, der am Tag des Gerichts regiert! Dir dienen wir, und dich bitten wir um Hilfe. Führe uns den geraden Weg, den Weg derer, denen du Gnade erwiesen hast, und die nicht dem Zorn (Allahs) verfallen sind und nicht irregehen!*

Nas

بِسْمِ اللّٰهِ الرَّحْمٰنِ الرَّحِيمِ ❁

قُلْ اَعُوذُ بِرَبِّ النَّاسِ ❁ مَلِكِ النَّاسِ
❁ اِلٰهِ النَّاسِ ❁ مِنْ شَرِّ الْوَسْوَاسِ الْخَنَّاسِ ❁ اَلَّذِى
يُوَسْوِسُ فِى صُدُورِ النَّاسِ ❁ مِنَ الْجِنَّةِ وَ النَّاسِ ❁

Aussprache: Kul e-uzü bi-Rabbin-nas. Melikin-nas. İlahinnas. Min şerril-ves vasil-hannas. Elleziy yüves visü fiy sudurin-nas. Minel-cinneti ven-nas.

Übersetzung: *Sag: lch suche Zuflucht beim Herrn der Menschen, dem König der Menschen, dem Gott der Menschen, (ich suche bei ihm Zuflucht) vor dem Unheil (scharr) (das) von (jeder Art von) Einflüsterung (ausgehen mag), - von einem (jeden) heimtükkischen Kerl(?),der den Menschen in die Burst (böse Gedanken) einflüstert, sei es ein Dschinn oder ein Mensch (mina l-dschinnati wan-naasi).*

Felak

بِسْمِ اللّٰهِ الرَّحْمٰنِ الرَّحِيمِ ❁

قُلْ اَعُوذُ بِرَبِّ الْفَلَقِ ❁ مِنْ شَرِّ مَا خَلَقَ❁ وَمِن شَرِّ
غَاسِقٍ اِذَا وَقَبَ ❁ وَمِن شَرِّ النَّفَّاثَاتِ فِى الْعُقَدِ ❁
وَمِنْ شَرِّ حَاسِدٍ اِذَا حَسَدَ ❁

Aussprache:

Kul e-uzü bi-Rabbil-felak. Min şerri ma halak. Ve min şerri gasikın iza ve kab. Ve min şerrin-neffasati fil-ukad. Ve min şerri hasidin iza hased.

Übersetzung: *Sag:*

Ich suche beim Herrn der Morgendämmerung (falaq) Zuflucht vor dem Unheil (scharr) (das) von dem (ausgehen mag), was er (auf der Welt) geschaffen hat, von hereinbrechender Finsternis (wa-min scharri ghaasiqin izaa waqaba), von (bösen) Weibern, die Zauberknoten bespucken (wa-min scharri n-naffaathaatie fie l-`uqadi), und von einem, der neidisch ist.

İhlas

بِسْمِ اللّٰهِ الرَّحْمٰنِ الرَّح۪يمِ ❁

قُلْ هُوَ اللّٰهُ اَحَدٌ ❁ اَللّٰهُ الصَّمَدُ ❁ لَمْ يَلِدْ وَلَمْ يُولَدْ ❁

وَلَمْ يَكُنْ لَهُ كُفُواً اَحَدٌ ❁

Aussprache: Kulhüvallahü ehad. Allahüs-samed. Lem yelid ve lem yuled. Ve lem yeküllehu küfüven ehad.

Übersetzung: *Sag: Er ist Allah, ein Einziger, Allah, der souveräne (Herrscher)(?). Er hat weder Kinder gezeugt, noch ist er (selber) gezeugt worden. Und keiner kann sich mit ihm messen.*

Tebbet (Leheb)

بِسْمِ اللّٰهِ الرَّحْمٰنِ الرَّح۪يمِ ❁

تَبَّتْ يَدَآ اَب۪ى لَهَبٍ وَتَبَّ ❁ مَآ اَغْنٰى عَنْهُ مَالُهُ وَمَا كَسَبَ

سَيَصْلٰى نَارًا ذَاتَ لَهَبٍ ❁ وَامْرَاَتُهُ حَمَّالَةَ الْحَطَبِ ❁

ف۪ى ج۪يدِهَا حَبْلٌ مِنْ مَسَدٍ ❁

Aussprache: Tebbet yeda ebiylehebin ve tebbe. Ma ağna anhü malühü ve ma keseb. Seyasla naran zatelehebin. Vemraetühü hammalatel-hatab. Fiy ciydiha hablün min mesed.

Übersetzung: *Dem Verderben seien die Hände Abuu Lahabs preisgegeben! Dem Verderben sei er (mit seiner ganzen Person)* *preisgegeben! Was nützt ihm sein Vermögen, und was er erworben hat? Er wird (dereinst) in einem lodernden Feuer (naaran zaata Lahabin) schmoren, (er) und seine Frau, die (elende) Brennholzträgerin. An ihrem Hals hat sie (als Zeichen ihres Berufs statt des üblichen Schmucks) einen Strick (hängen), einen Palmfaserstrick (masad).*

Nasr

بِسْمِ اللهِ الرَّحْمٰنِ الرَّحِيمِ ❁

اِذَا جَآءَ نَصْرُ اللهِ وَالْفَتْحُ ❁ وَرَاَيْتَ النَّاسَ يَدْخُلُونَ
فِي دِينِ اللهِ اَفْوَاجًا ❁ فَسَبِّحْ بِحَمْدِ رَبِّكَ وَاسْتَغْفِرْهُ
اِنَّهُ كَانَ تَوَّابًا ❁

Aussprache:

İza cae nasrullahi vel´feth. Vera´eyten-nase yedhulune fiydinil-lahi efvaca.

Fesebbih bi-hamdi Rabbike vestağfirh, innehu kane tevvaba.

Übersetzung:

Wenn (über kurz oder lang) die Hilfe Allahs kommt und der (von ihm verheißene) Sieg (fath) (sich einstellt), und (wenn) du siehst, dass die Menschen in Scharen der Religion Allahs beitreten, dann lobpreise deinen Herrn und bitte ihn um Vergebung! Er ist wahrlich Der, Der die Rue annimmt (tauwaab).

Kafirun

بِسْمِ اللّٰهِ الرَّحْمٰنِ الرَّحِيمِ ❁

قُلْ يَآ اَيُّهَا الْكَافِرُونَ ❁ لَآ اَعْبُدُ مَا تَعْبُدُونَ ❁ وَلَآ اَنْتُمْ عَابِدُونَ مَآ اَعْبُدُ ❁ وَلَآ اَنَا عَابِدٌ مَا عَبَدْتُمْ ❁ وَلَآ اَنْتُمْ عَابِدُونَ مَآ اَعْبُدُ ❁ لَكُمْ دِينُكُمْ وَلِىَ دِينِ ❁

Aussprache: Kul ya eyyühel-kafirun. La a´büdü ma tabüdun. Ve la entüm abidune ma a´büd. Ve la ene abidun ma abedtüm. Vela entüm abidune ma a´büd. Leküm diniküm veliyye din.

Übersetzung: *Sag: Ihr Ungläubigen! Ich verehre nicht, was ihr verehrt, und ihr verehrt nicht, was ich verehre. Und ich verehre nicht, was ihr (bisher immer) verehrt habt, und ihr verehrt nicht, was ich verehre. Ihr habt eure Religion, und ich die meine.*

Kevser

بِسْمِ اللّٰهِ الرَّحْمٰنِ الرَّحِيمِ ❁

اِنَّآ اَعْطَيْنَاكَ الْكَوْثَرَ ❁ فَصَلِّ لِرَبِّكَ وَانْحَرْ ❁ اِنَّ شَانِئَكَ هُوَ الْاَبْتَرُ ❁

Aussprache: İnna atayna kel-kevser. Fe-sallili Rabbike venhar. Inne şanieke hüvel-ebter.

Übersetzung: *Wir haben dir die Fülle gegeben. Bete darum (fa-salli) zu deinem Herrn und opfere! (Ja) dein Hasser ist es, der gestutzt ist.*

Maun

بِسْمِ اللهِ الرَّحْمٰنِ الرَّحِيمِ ❁

اَرَاَيْتَ الَّذٖى يُكَذِّبُ بِالدِّينِ ❁ فَذٰلِكَ الَّذٖى يَدُعُّ الْيَتٖيمَ
❁وَلاَ يَحُضُّ عَلٰى طَعَامِ الْمِسْكٖينِ ❁ فَوَيْلٌ
لِلْمُصَلّٖينَ ❁ اَلَّذٖينَ هُمْ عَنْ صَلاَتِهِمْ سَاهُونَ ❁ اَلَّذٖينَ
هُمْ يُرَآؤُنَ ❁ وَيَمْنَعُونَ الْمَاعُونَ ❁

Aussprache: Eraeytelleziy yükezzibu biddiyn. Fezalikelleziy yeduul yetiym. Vela yehuddu ala taamil miskiyn. Feveylüllil musalliyn.

Ellezinehüm an salatihim sahun. Elleziynehüm yuraüne ve yemneunel-maun.

Übersetzung: *Was meinst du wohl von dem, der das Gericht (das den Menschen angedroht ist) für Lüge erklärt? Das ist der(selbe), der die Waise (von sich) wegstößt und (die Seinen?) nicht dazu anhält, dem Armen (etwas) zu essen zu geben.*

Wehe (fa-wailun) den Betenden, die auf ihr Gebet nicht achten, die (von den Leuten) gesehen werden wollen und die Hilfeleistung (auf die jeder Anspruch hat?) (al-maa`uun) verweigern!

Kureys:

بِسْمِ اللّٰهِ الرَّحْمٰنِ الرَّح۪يمِ ❁

لِاِيلَافِ قُرَيْشٍ ❁ اِيلَافِهِمْ رِحْلَةَ الشِّتَاۤءِ وَالصَّيْفِ ❁
فَلْيَعْبُدُوا رَبَّ هٰذَا الْبَيْتِ ❁ اَلَّذ۪ٓى اَطْعَمَهُمْ مِنْ
جُوعٍ وَاٰمَنَهُمْ مِنْ خَوْفٍ ❁

Aussprache: Li-ilafi kureyşin ilafihim rihleteş-şitai vassayf. Fel´yabudü Rabbe hazel-Beyt. Ellezi et´amehüm min cuin ve amenehüm min havf.

Übersetzung: *Dass die Quraisch zusammenbringen, die Karawanenreise des Winters und des Sommers zusammenbringen, (zum Dank dafür) sollen sie dem Herrn dieses Hauses dienen, (dem Herrn) der ihnen zu essen gegeben hat, so dass sie nicht zu hungern, und der ihnen Sicherheit gewährt hat, so dass sie sich nicht zu fürchten brauchen.*

Fil

بِسْمِ اللّٰهِ الرَّحْمٰنِ الرَّح۪يمِ ❁

اَلَمْ تَرَ كَيْفَ فَعَلَ رَبُّكَ بِاَصْحَابِ الْف۪يلِ ❁ اَلَمْ يَجْعَلْ
كَيْدَهُمْ ف۪ى تَضْل۪يلٍ ❁ وَاَرْسَلَ عَلَيْهِمْ طَيْرًا اَبَاب۪يلَ ❁
تَرْم۪يهِمْ بِحِجَارَةٍ مِنْ سِجّ۪يلٍ ❁ فَجَعَلَهُمْ
كَعَصْفٍ مَاْكُولٍ ❁

Aussprache: Elem tera keyfe feala Rabbüke bi-eshabil-fiyl. Elem yec'al keydehüm fiy tadliyl. Ve ersele aleyhim tayran ebabiyle. Termiyhim bi-hicaretin min sicciyl. Fece-alehüm ke-asfim me'kul.

Übersetzung: *Hast du nicht gesehen, wie dein Herr (seinerzeit) mit den Leuten des Elefanten verfahren ist? Hat er nicht ihre List misslingen lassen und Scharen von Vögeln über sie gesandt, die sie mit brennenden Steinen (? sidschiel) bewarfen, und (hat er) sie (dadurch nicht saft- und kraftlos) werden lassen wie abgefressene Saat?*

Elif-Lam-Mim

بِسْمِ اللّٰهِ الرَّحْمٰنِ الرَّح۪يمِ ❁

الٓمٓ ❁ ذٰلِكَ الْكِتَابُ لَا رَيْبَ فِيهِ هُدًى لِلْمُتَّق۪ينَ ❁

اَلَّذ۪ينَ يُؤْمِنُونَ بِالْغَيْبِ وَيُق۪يمُونَ الصَّلٰوةَ وَمِمَّا

رَزَقْنَاهُمْ يُنْفِقُونَ ❁ وَالَّذ۪ينَ يُؤْمِنُونَ بِمَٓا اُنْزِلَ اِلَيْكَ

وَمَٓا اُنْزِلَ مِنْ قَبْلِكَ وَبِالْاٰخِرَةِ هُمْ يُوقِنُونَ ❁ اُو۬لٰٓئِكَ

عَلٰى هُدًى مِنْ رَبِّهِمْ وَاُو۬لٰٓئِكَ هُمُ الْمُفْلِحُونَ ❁

Aussprache: Elif-Lam-Mim. Zalikel kitabu lareybe fih. Hüdellil muttekin. Ellezine yu'minune bil ğaybi ve yugimu nessalate vemimma rezegna hum yunfigun. Vellezine yu'-minune bima ünzile ileyke vema ünzile min gablik. Ve bil ahireti hum yuginun. Ulaike ala hudem mir rabbihim ve ulaike humul muflihun.

Übersetzung: *'Im (alif laam miem). Dies ist die Schrift, an der nicht zu zweifeln ist, (geoffenbart) als Rechtleitung für die Gottesfürchtigen, die an das Übersinnliche glauben, das Gebet (salaat) verrichten und von dem, was wir ihnen (an Gut) beschert haben, Spenden geben, und die an das glauben, was (als Offenbarung) zu dir, und was (zu den Gottesmännern) vor dir herabgesandt worden ist, und die vom Jenseits überzeugt sind. Sie sind von ihrem Herrn rechtgeleitet, und ihnen wird es wohl ergehen.*

Ayetel-Kürsi:

بِسْمِ اللّٰهِ الرَّحْمٰنِ الرَّحٖيمِ ❁

اَللّٰهُ لَٓا اِلٰهَ اِلَّا هُوَ الْحَيُّ الْقَيُّومُ لَا تَأْخُذُهُ سِنَةٌ وَلَا نَوْمٌ لَهُ
مَا فِي السَّمٰوَاتِ وَمَا فِي الْاَرْضِ مَنْ ذَا الَّذٖي يَشْفَعُ
عِنْدَهُ اِلَّا بِاِذْنِهٖ يَعْلَمُ مَا بَيْنَ اَيْدٖيهِمْ وَمَا خَلْفَهُمْ وَلَا
يُحٖيطُونَ بِشَيْءٍ مِنْ عِلْمِهٖ اِلَّا بِمَا شَٓاءَ وَسِعَ كُرْسِيُّهُ
السَّمٰوَاتِ وَالْاَرْضَ وَلَا يَؤُدُهُ حِفْظُهُمَا وَهُوَ الْعَلِيُّ
الْعَظٖيمُ ❁

Aussprache: Allahü la ilahe illa hüvel-Hayyül-Kayyum, la te´huzühu sinetüv vela nevm, lehu ma fissemavati ve ma fil ard. Men zellezi yeşfeu indehu illa bi´iznih, yalemü ma beyne eydihim vema halfehüm, vela yühitune bi-şey´im min ilmihi illa bima şae vesia kürsiyyü hüssemavati vel´ard. Vela yeüdühü hıfzuhüma ve hüvel-aliyyul-aziym.

Übersetzung: *Allah (ist einer allein). Es gibt keinen Gott außer ihm. (Er ist) der Lebendige und Beständige. Ihn überkommt weder Schlummer noch Schlaf. Ihm gehört (alles), was im Himmel und auf Erden ist. Wer (unter den himmlischen Wesen) könnte - außer mit seiner Erlaubnis - (am jüngsten Tag) bei ihm Fürsprache einlegen? Er weiß, was vor und was hinter ihnen liegt. Sie aber wissen nichts davon - außer was er will. Sein Thron reicht weit über Himmel und Erde. Und es fällt ihm nicht schwer, sie (vor Schaden) zu bewahren. Er ist der Erhabene und Gewaltige.*

Amener-Resülü

بِسْمِ اللّٰهِ الرَّحْمٰنِ الرَّحِيمِ ❁

اٰمَنَ الرَّسُولُ بِمَآ أُنزِلَ إِلَيْهِ مِنْ رَبِّهِ وَالْمُؤْمِنُونَۜ كُلٌّ
اٰمَنَ بِاللّٰهِ وَمَلٰٓئِكَتِهِ وَكُتُبِهِ وَرُسُلِهِۜ لَا نُفَرِّقُ بَيْنَ أَحَدٍ مِنْ
رُسُلِهِۖ وَقَالُوا سَمِعْنَا وَأَطَعْنَا غُفْرَانَكَ رَبَّنَا وَإِلَيْكَ
الْمَصِيرُ ❁ لَا يُكَلِّفُ اللّٰهُ نَفْسًا إِلَّا وُسْعَهَاۜ لَهَا مَا
كَسَبَتْ وَعَلَيْهَا مَا اكْتَسَبَتْۜ رَبَّنَا لَا تُؤَاخِذْنَآ إِنْ نَسِينَآ
أَوْ أَخْطَأْنَاۚ رَبَّنَا وَلَا تَحْمِلْ عَلَيْنَآ إِصْرًا كَمَا حَمَلْتَهُ
عَلَى الَّذِينَ مِنْ قَبْلِنَاۚ رَبَّنَا وَلَا تُحَمِّلْنَا مَا لَا طَاقَةَ لَنَا بِهِۚ
وَاعْفُ عَنَّاۖ وَاغْفِرْ لَنَاۖ وَارْحَمْنَاۖ أَنْتَ مَوْلٰينَا فَانْصُرْنَا
عَلَى الْقَوْمِ الْكَافِرِينَ ❁

Aussprache:

Amener-Resülü bima ünzile ileyhi mirrabbihi velmü´minun. Küllin amene billahi ve melaiketihi ve kütibihi ve rusülih. La nüferriku beyne ehadım mir Rusülih. Ve kalü semi´na ve eda´na ğufraneke rabbena ve ileykel masir. La yükellifüllahü nefsen illa vus´aha. Leha ma kesebet ve aleyha mektesebet. Rabbena la tüahızna innesina ev ahdahna. Rabbena ve la tahmil aleyna isran kema hameltehu alellezine min kablina. Rabbena vela tuhammilna ma la ta katelena bih. Va´fü anna vağfir lena verhamna ente Mevlana fen´sur na alel-kavmil kafirin.

Übersetzung:

Der Gesandte (Allahs) glaubt an das, was von seinem Herrn (als Offenbarung) zu ihm herabgesandt worden ist, und (mit ihm) die Gläubigen. Alle glauben an Allah, seine Engel, seine Schriften und seine Gesandten - wobei wir bei keinem von seinen Gesandten (den anderen gegenüber) einen Unterschied machen. Und sie sagen: Wir hören und gehorchen. (Schenk uns) deine Vergebung, Herr! Bei dir wird es (schließlich alles) enden. Allah verlangt von niemandem mehr, als er (zu leisten) vermag. Jedem kommt (dereinst) zugute, was er (im Erdenleben an guten Taten) begangen hat, und (jedem kommt) auf sein Schuldkonto, was er sich (an bösen Taten) geleistet hat. Herr! Belange uns nicht, wenn wir vergeßlich waren oder uns versehen haben! Herr! Lad uns nicht eine drückende Verpflichtung (isr) auf, wie du sie denen aufgeladen hast, die vor uns lebten! Herr! Belaste uns nicht mit etwas, wozu wir keine Kraft haben! Verzeih uns, vergib uns und erbarm dich unser! Du bist unser Schutzherr (maulaa). Hilf uns gegen das Volk der Ungläubigen!

Hüvallahüllezi

بِسْمِ اللّٰهِ الرَّحْمٰنِ الرَّحِيمِ۞

هُوَ اللّٰهُ الَّذِي لَآ إِلٰهَ إِلاَّ هُوَ عَالِمُ الْغَيْبِ وَالشَّهَادَةِ هُوَ الرَّحْمٰنُ الرَّحِيمُ ۞ هُوَ اللّٰهُ الَّذِي لَآ إِلٰهَ إِلاَّ هُوَ اَلْمَلِكُ الْقُدُّوسُ السَّلَامُ الْمُؤْمِنُ الْمُهَيْمِنُ الْعَزِيزُ الْجَبَّارُ الْمُتَكَبِّرُ سُبْحَانَ اللّٰهِ عَمَّا يُشْرِكُونَ ۞ هُوَ اللّٰهُ الْخَالِقُ الْبَارِئُ الْمُصَوِّرُ لَهُ الْأَسْمَآءُ الْحُسْنٰى يُسَبِّحُ لَهُ ۞مَا فِي السَّمٰوَاتِ وَالْأَرْضِ وَهُوَ الْعَزِيزُ الْحَكِيمُ

Aussprache: Hüvallahüllezi la ilahe illa Hu. Alimul ğaybi vaşşehadeh. Hüver-Rahmanur-Rahiym. Hüvallahüllezi la ilahe illa Hu. Elmelikül Kuddusus selamül Mü´minül Müheyminül Azizul Cebbarul Mütekebbir. Sübhanallahi amma yüşrikun. Hüvallahül-Halikul bariül Müsavviru lehül Esmaul Hüsna. Yüsebbihu lehu ma fissemavati vel´ard, vehüvel azizul Hakiym.

Übersetzung: *Er ist Allah, außer dem es keinen Gott gibt. (Er ist es) der über das, was verborgen, und was allgemein bekannt ist (schahaada), Bescheid weiß. Er ist es, der barmherzig und gütig ist. Er ist Allah, außer dem es keinen Gott gibt. (Er ist) der hochheilige König, (dem) das Heil (innewohnt) (as-salaam). (Er ist es) der Sicherheit und Gewißheit gibt (? al-mu'min al-muhaimin), der Mächtige, Gewaltige (al-dschabbaar) und Stolze (al-mutakabbir). Allah sei gepriesen! (Er ist erhaben) über das, was sie (ihm an anderen Göttern) beigesellen. Er (allein) ist Allah, der Schöpfer, der*

Bildner und der Gestalter. Ihm stehen die schönsten Namen zu. Ihn preist (alles), was im Himmel und auf Erden ist. Er ist der Mächtige und Weise.

Es gibt auch Gebete, die man nach dem rituellen Gebet beim Bittgebet (Dua) lesen kann. Meistens macht dies der Imam für die Gemeinde und die Betenden sagen „Amin":

Aussprache: Elhamdulillahi Rabbil Alemin. Vel akibetü lil müttekin vela udvane illa alez zalimin. Vesselatü vesselamü ala Resulina Muhammedin ve ala elihi ve eshabihi ecmain. Allahümme Rabbena ya Rabbena tekabbel minna inneke entes semiul alim. Ve tub aleyna ya mevlana inneke entet tevvabür rahim.

Allahümme Rabbena tekabbel minna selatena ve siyamena ve kiyamena ve kıraatena ve rükuena ce sücudena ve kuudena ve teşehüdena ve tesbihena ve tehlilena ve tederruena ve temmim taksiratina vela tedrib bihe vucuhena yevmel kiyameti ya mevlana! Birahmetike ya erhamerrahimin.

Aussprache: Rabbena hep lena min ezvacina ve zürriyatina kurrete e´yünin vec´alna lil müttekine imama. Rabbena amenna bima enzelte vettebe´ner-resule fektübna maaş-şahidin. Rahbenek şif annel azebe inna mu´minun. Rabbena fağfir lena zünübena ve keffir anna seyyiatina ve teveffena maal ebrar.

Rabbena la tüziğ kulubena ba´de iz hedeytena ve heb lena min ledünke rahmeh, inneke entel vehhab. Allahümme rabbena zalemna enfüsena ve in lem teğfir lena ve terhamna lene-kunenne minel hasirin.

Rabbena la tec´alna fitnetel-lillezine keferu veğfir lena rabbena. İnneke entel azizül hakim. Rabbena efriğ aleyna sabren ve sebbit akdamena vensurna alel kavmin kafirin.

Rabbena aleyke tevekkelna ve ileyke enebna ve ileykel masir. Rabbena atina min ledünke rahmeten ve heyyi´lena min emrina raşeda. Rabbena etmin lena nurena vağfir lena, inneke ala külli şey'in kadir.

Aussprache: Allahümme inna nes'eluke temamen ni'meh ve devamel afiyeh, ve rizkan vasiah, ve husnel hatimeh, ve ilmen nafiah, ve amelen saliha, ve şifaen min kulli dain ve saka min ya Rabbel alemin.

Allahümme Rabbena atina fiddünya hasenetev vefil ahireti hasenetev ve kina azabennar ve edhılnel cennete maal ebrar. Ya azizü ya gaffar. Birahmetike ya erhamer Rahimin. Velhamdulillahi Rabbil alemin el fatiha.

III.
FRAGEN ZUM GEBET

3.1 Wie bete ich, wenn ich Krank bin, auf der Reise bin, im Flugzeug oder bei Verletzungen?

Das Gebet ist zu wichtig, als das man es auslassen könnte. Während man z.B. die Pilgerfahrt und die Zekat nur leisten muss, wenn man die finanziellen Mittel dazu hat, ist es beim Gebet nicht so. Auch das Fasten kann nachgeholt werden, falls man z.B. unter der Erde in einem Bergwerk arbeitet, sich auf einer Reise befindet oder das Fasten die Gesundheit gefährden würde. Beim Gebet gibt es diese Ausnahmen nicht. Das Gebet, da es ja der Schlüssel ins Paradies ist, kann unter keinen Umständen ausgelassen werden.

Dennoch gibt es Erleichterungen beim Gebet:

Wenn man z.B. auf der **Reise** ist, kann man den Pflichtteil von Gebeten, die 4 Rekat umfassen, auf 2 verkürzen. Dies gilt allerdings nur, wenn die Reise oder der Aufenthalt am Zielort weniger als 14 Tage dauert und weiter als 90 km entfernt ist.

Falls man **verletzt** ist und das Bein nicht bewegen kann, kann man im Sitzen auf einem Stuhl beten. Man tut dann so, als würde man sich verbeugen, in dem man z.B. seinen Kopf kurz nach vorne beugt.

Bei **Erkrankungen**, bei denen man nicht aufstehen kann, kann man im Liegen beten. Auch hier macht man die Bewegungen nur Ansatzweise.

Es kann auch mal vorkommen, dass man völlig **Bewegungsunfähig** ist. In solchen Extremfällen betet man mit den Augen. Man stellt sich im Gedanken vor, wie man die verschiedenen Handlungen macht.

3.2 Können Gebete nachgeholt werden?

Falls es doch dazu kommen sollte, dass ein Gebet verpasst wurde, kann man das Gebet später nachholen. Allerdings kann nur der Pflichtteil nachgeholt werden. Ausnahme ist das Morgengebet: bis zum Mittagsgebet kann auch der freiwillige Teil des Morgengebetes nachgeholt werden. Die Absicht (Niyet) wird folgendermaßen ausgesprochen: „Ich beabsichtige, das verpasste Gebet nachzuholen." Das Gebet wird dann, wie gewohnt verrichtet.

3.3 Ich habe mich beim Gebet vertan. Was nun?

Da wir Menschen sind, können uns immer wieder Fehler unterlaufen. Das ist nicht weiter schlimm, denn unser Schöpfer ist Barmherzig. Sollte man sich beim Gebet vertan haben oder sich nicht erinnern, ob man diese oder jene Stellung gemacht hat, macht man die Sehiv-Sedjde. Diese geht folgendermaßen: Beim letzten Rekat, wenn man sich hingesetzt hat, liest man nur „Ettehiyyatu". Daraufhin schaut man rechts auf die Schulter und sagt „Esselamu Aleikum ve rahmetullah" (Friede sei mit euch und die Gnade Gottes). Also so, als würde man das Gebet beenden. Nun schaut man aber nicht nach links, sondern sagt „Allahu akbar" und verbeugt sich in die Sedjde-Stellung. Wie beim Gebet, macht man zwei Sedjdes und setzt sich hin. Man liest nun „Ettehiyyatu“, „Salli-Barik“ und „Rabbena“ und beendet das Gebet mit den zwei Schulterblicken und dem Gruß. Es ist auch möglich, die Sehiv-Sedjde nach dem linken Gruß zu machen, bevorzugt wird aber, dass man es nach dem ersten Gruß macht.

3.4 Beten Frauen und Männer getrennt?

Aus praktischen Gründen beten in Deutschland Männer und Frauen in verschiedenen Räumen. Allerdings gibt es im Normalfall beim Gebet keine Raumtrennung, sondern eine Reihentrennung. Männer und Frauen beten in verschiedenen Reihen. Der Grund ist, dass man beim Gebet in der Gemeinschaft eng und dicht aneinander betet. Der Körperkontakt ist sehr intensiv. Daher beten Männer und Frauen nicht nebeneinander, sondern hintereinander in verschiedenen Reihen, um sich nicht gegenseitig abzulenken.

3.5 An welchen Orten kann man das Gebet verrichten?

Das Gebet kann der Muslim an jedem Ort der Welt verrichten. Voraussetzung sind folgende Faktoren:

1. Der Platz, an dem man betet, muss sauber sein (siehe Kapitel „Das Gebet“)

2. Man muss sich Richtung Mekka drehen.

3. Direkt vor dem Gebetsplatz dürfen keine Bilder von lebendigen Wesen sein, damit nicht der Anschein erweckt wird, als würde man dieses Lebewesen anbeten.

Wenn diese Voraussetzungen erfüllt sind, kann der Muslim überall beten.

3.6 Ist es besser alleine zu beten oder in der Gemeinschaft?

Unser Prophet (Friede sei auf Ihm) sagte, dass ein Gebet, welches mit der Gemeinschaft verrichtet wird, 27mal besser ist, als ein Gebet, das allein verrichtet wird (Buhârî, Ezan 30; Salât 87; Müslim, Mesâcid 245; Ebû Davud, Salât 48; Tirmizî, Salât 47). Laut einer anderen Quelle ist es 25mal wertvoller (İbn Mâce, Mesâcid, 16). Aus diesem Grunde ist es besser, dass Gebet in der Gemeinschaft mit anderen Muslimen zu beten. Unser Prophet (Friede sei auf Ihm) betete sogar in den schwierigsten Situationen die Gebete in der Gemeinschaft.

In der Gemeinschaft kann man allerdings nur die Pflichtgebete beten. Der freiwillige Teil kann nur alleine verrichtet werden.

3.7 Was lese ich, wenn ich in der Gemeinschaft hinter einem Vorbeter (İmam, Hoca) bete?

Betet man hinter einem Vorbeter, muss der Absicht (Niyet) folgendes ergänzt werden: „...und bete hinter dem Imam". Zudem werden die „Fatiha" und der darauffolgende Teil aus dem Koran vom Betenden (Müsalli) nicht gelesen. Diese werden nur vom Vorbeter gelesen. Alles andere wird gelesen. Beim Mittags- und Nachmittagsgebet liest der Vorbeter diese Teile im Stillen. Bei den anderen Gebeten werden diese in den 1. und 2. Rekats im Lauten gelesen, so dass sie jeder mithören kann.

3.8 Wie betet man, wenn man nicht von Anfang an beim Gemeinschaftsgebet teilnehmen konnte?

Wenn man nicht rechtzeitig zum Gebet kommen konnte, die Gemeinschaft aber noch betet, macht man Tekbir und schließt sich der Gemeinschaft an. Dabei begibt man sich sofort nach dem Tekbir in die Position, in der die Gemeinschaft ist. Ist also die Gemeinschaft z.B. in der Sedjde-Position, begibt man sich sofort in diese Lage.

Die verpassten Rekats muss man nachholen. Sollte man sich dem Gebet angeschlossen haben, bevor sich die Gemeinschaft vom Ruku erhebt, zählt dieses Rekat als verrichtet. Sollte man sich angeschlossen haben, nach dem die Ruku-Position verlassen wurde, zählt dies Rekat als nicht verrichtet. Die Anzahl der Rekat, die man dann verpasst hat, müssen nachgeholt werden.

Das Nachholen wird folgendermaßen durchgeführt: Wenn die Gemeinschaft den Gruß nach rechts vollzieht, um das Gebet zu beenden, sitzt man weiterhin und tut nichts. Wenn die Gemeinschaft dann den Gruß nach Links macht, steht man auf und holt die Rekats nach. Dabei tut man einfach so, als würde man weiterbeten.

Im Folgenden drei Beispiele fürs Nachholen:

1. Beispiel fürs Nachholen: Angenommen, man schloss sich dem Gebet der Gemeinschaft beim Abendgebet erst im dritten Rekat an. Noch vor dem Ruku, so dass diese Rekat noch mitgezählt wird. Damit hat man 1 Rekat gebetet. Fehlen also noch 2 Rekat. Das eine Rekat, was zählt, zählt als das 1. Rekat des Gebetes. Die 2 Rekats, die man nachholen muss, betet man dann so, wie man auch normalerweise die letzten 2 Rekats des Abendgebetes beten würde. Im Grunde hat man sich dann in diesem Gebet ganze dreimal hingesetzt.

2. Beispiel fürs Nachholen: Man kam im 1. Rekat des Mittagsgebetes. Allerdings erst nach dem Ruku, so dass dieser Rekat nicht gezählt wird. Mit der Gemeinschaft zusammen, hat man dann drei Rekat gebetet, so dass man nur ein Rekat nachholen muss. Man steht dann auf und betet dieses letzte Rekat so, wie man auch sonst das letzte Rekat des Mittagsgebetes verrichten würde.

3. Beispiel fürs Nachholen: Man kam im letzten Rekat des Nachmittagsgebetes. Da man nach Ruku kam, zählt dieses

Rekat nicht. Man hat also kein einziges Rekat vollständig mit der Gemeinschaft gebetet, so dass man alle 4 Rekats nachholen muss.

3.9 Was ist das Taravihgebet?

Das Taravihgebet ist ein spezielles, freiwilliges Gebet, welches im Ramadan verrichtet wird. Man kann es sowohl alleine als auch in der Gemeinschaft beten. Die Zeit des Taravihgebetes ist zwischen dem Nachtgebet und dem Morgengebet. Das Vitr-Gebet (die letzten 3 Rekat des Nachtgebetes) können sowohl vor als auch nach dem Taravihgebet verrichtet werden. Traditionell wird das Taravihgebet in türkischen Moscheen 20 Rekat und in arabischen Moscheen 8 Rekat gebetet. Man kann entweder alles auf einmal beten, oder das Gebet aufteilen in mehrere Abschnitte, z.B. in 2-Rekat- oder 4-Rekat-Abschnitte. Wenn es mit 2 Rekat verrichtet wird, betet man es wie dem freiwilligen Teil des Abendgebetes. Bei 4 Rekat wird es wie das freiwillige Teil des Nachtgebetes verrichtet.

3.10 Was ist das Freitagsgebet?

Genauso, wie Juden Samstag und Christen Sonntag ihren Feiertag haben, ist der Freitag ein Feiertag für die Muslime. An diesem besonderen Tag kommen die Muslime in der Moschee zusammen und beten anstelle des Mittagsgebetes das Freitagsgebet. Dieses Gebet kann nur in der Gemeinschaft gebetet werden. Es besteht aus 4 Rekat freiwilligem Teil, der Freitagspredigt, 2 Rekat Pflichtteil und weitere 4 Rekat freiwilliger Teil am Ende.

3.11 Dürfen Frauen am Freitagsgebet teilnehmen?

Das Freitagsgebet ist für Frauen kein Pflichtgebet. Die Teilnahme an ihr ist für sie freiwillig. Die Frauen dürfen und können also beim Freitagsgebet teilnehmen. Wenn sie dran teilnehmen, müssen sie das Mittagsgebet, wie auch bei den Männern, nicht verrichten.

3.12 Was ist das besondere am Vitr-Gebet?

Das Vitr-Gebet ist ein Gebet mit 3 Rekat und wird nach dem eigentlichen Nachtgebet verrichtet. Im 3. Rekat, wenn man „Fatiha" und ein weiteres Teil aus dem Koran gelesen hat, sagt man „Allahu akbar" und führt, wie am Anfang jedes Gebetes, Tekbir aus. Hiernach liest man die „Kunut"-Gebete, siehe Kapitel „Rezitation im Gebet". Danach sagt man wieder „Allahu akbar" und verbeugt sich in die Ruku-Stellung. Der Rest des Gebetes verläuft wie gewohnt.

3.13 Was ist das Tahadjjudgebet?

Das Tahadjjudgebet ist ein spezielles Gebet, welches zur Tradition des Propheten (Friede sei auf Ihm) gehört. Dieses Gebet wird zwischen dem Nachtgebet und dem Morgengebet verrichtet. Im Idealfall, in dem man irgendwann nachts vom Schlaf aufsteht. Sollte man aber befürchten, dass man nicht aufstehen kann, kann dieses Gebet auch kurz vor dem Schlafengehen verrichtet werden. Die Anzahl der Rekats kann man sich selbst aussuchen. Zur Auswahl stehen 2, 4 oder 8 Rekat. Auch sollte das Vitr-Gebet nach dem Tahadjjudgebet verrichtet werden.

3.14 Gibt es eine spezielle Gebetskleidung?

Es gibt keine spezielle Kleidung, die verpflichtend beim Gebet ist. Wichtig ist die Bedeckung, die auch vorher schon beschrieben wurden. Zudem gibt es zwei Kleidungsstücke, die zur Tradition unseres Propheten (Friede sei mit Ihm) gehören: Umhang (Cübbe) und Kopfbedeckung (Takke).

3.15 Ich bin Araber, kann ich das Gebet in einer türkischen Moschee verrichten?

Die Nationalität oder die Rechtsschule des Muslims sind nicht für das Gebet in einer Moschee bindend. Man kann also in jeder Moschee beten. Da das Gebet - und der Islam im Allgemeinen - universall ist, kann man ohne Probleme in jeder Moschee der Welt das Gebet verrichten.

3.16 Betet man, um ins Paradies zu gelangen?

Das Gebet wird nicht verrichtet, um eine Belohnung zu erhalten, sondern es ist eine Danksagung, da man die Belohnung schon erhalten hat, nämlich ein Leben, ein Körper, eine Familie etc. Das Gebet wird demnach nur verrichtet, um Gottes Gefallen und Zufriedenheit zu erlangen. Die Tatsache, dass Gott den Menschen zusätzlich mit dem Paradies belohnt, zeigt Seine Barmherzigkeit.

3.17 Gibt es auch Zeiten, in denen man nicht beten darf?

Ja, es gibt auch Zeiten, in denen man nicht beten darf. Diese sind:

1. Vom Sonnenaufgang an 45 Minuten. Also wenn Sonnenaufgang um 7 Uhr ist, darf man von 7 Uhr bis 7.45 Uhr nicht beten.

2. 45 Minuten vor dem Mittagsgebet bis zum Mittagsgebet. Wenn das Mittagsgebet um 13.30 Uhr ist, darf man also von 12.45 Uhr bis 13.30 Uhr nicht beten.

3. 45 Minuten vor dem Abendgebet. Nehmen wir an, das Abendgebet ist um 19.30 Uhr. Dann darf man in der Zeit von 18.45 Uhr bis 19.30 Uhr nicht beten.

Diese drei Zeiten sind die Zeiten, in denen die Sonne gerade aufgeht (1), im Zenit steht (2) und wieder untergeht (3). In diesen Zeiten wurde das Gebet verboten, damit es nicht den Anschein erweckt, als würden die Muslime die Sonne anbeten.

Zudem müssen Frauen während der Menstruation (Tage, Periode) auch nicht beten.

3.18 Was ist Tesbihat oder Hitamas-Salah?

Tesbihat, oder auch Hitamas-Salah genannt, ist eine freiwillige Lobpreisung Gottes. Nach dem eigentlichen rituellen Gebet nimmt man sich eine spezielle Kette in die Hand. Diese Kette besteht aus drei Abschnitten mit je 33 Kugeln. Im ersten Abschnitt sagt man 33mal „Subhanallah" (Gepriesen sei Gott). Im zweiten Abschnitt wird „Elhamdulillah" (Lob sei Gott) gesagt. Im letzten Abschnitt sagt man „Allahu akbar" (Gott ist größer). Danach spricht man ein Bittgebet aus.

3.19 Wie macht man die Reinigung, wenn man kein Wasser hat?

Da die Reinigung zu den Pflichten des Gebetes gehört, muss man die Reinigung, auch wenn kein Wasser da ist, ausführen. Diese Reinigungsform ohne Wasser wird Teyemmüm genannt. Sie ist nur dann gültig, falls kein Wasser vorhanden ist oder es unmöglich oder schädlich ist, vorhandenes Wasser zu benutzen. Ausgeführt wird sie folgendermaßen:

1. Die Absicht (Niyet) wird ausgesprochen. Diese ändert sich je nach Situation: „Ich beabsichtige, um Gottes Wohlgefallen zu erlangen, Teyemmüm durchzuführen mit dem Zweck ..." Als Zweck könnte z.B. „das Gebet zu verrichten" oder „um gereinigt zu werden" gesagt werden.

2. Man berührt mit den Händen auf sauberes Erde oder etwas, was aus Erde besteht und streicht dann um das Gesicht, so als würde man bei der „normalen" Reinigung (Abdest, Wudu) das Gesicht waschen.

3. Wieder berührt man mit den Händen auf sauberes Erde oder etwas, was aus Erde besteht und streicht dann um die Unterarme, so als würde man bei der „normalen" Reinigung (Abdest, Wudu) die Unterarmarme waschen.

4. Sobald man Wasser vorfindet, womit man die Reinigung (Abdest, Wudu) durchführen kann, ist Teyemmüm nicht mehr gültig. Ebenfalls wird Teyemmüm ungültig, wenn eins der Punkte, die die Reinigung (Abdest, Wudu) oder die Ganzkörperwaschung (Ghusl) ungültig machen stattfinden.

IV.
GLOSSAR

Abdest

Die rituelle Reinigung (Waschung), z.B. vor dem Gebet

Ahlaq

ein gutes und moralisches Benehmen

Ahl-i Sunna wal Dschama'at

Leute der Sunna Muhammeds und seiner Gemeinschaft

Akşam

Abendgebet

Alem-i Misal

Welt der Gleichnisse; eine Traumwelt bzw. Bilderwelt, in der alles Geschehene im Diesseits wie auf einen Filmstreifen aufgenommen und bewahrt wird.

Alem-i Berzah

Zwischenreich, in das die Toten mit dem Sterben eintreten. Die Seelen der Toten verweilen hier bis zum Weltuntergang.

Allahumme entesselamu ve min kes-selam, tebarekte ya zel-celali vel ikram

O Allah, Du bist der Friede und aus Dir kommt der Friede hervor. Voller Segen bist Du, voller Majestät und Ehre.

Allahu akbar

Gott ist grösser (D. h., es gibt nichts Größeres)

Asr

Nachmittagsgebet

Bismillahirrahmanirrahim

Im Namen Gottes, des Barmherzigen, des Allerbarmers

Cübbe

Umhang

Din

Religion; gläubige Lebensweise

Dschinn

Wesen, die ähnlich wie die Menschen auf der Welt geprüft werden, jedoch von den Menschen nicht gesehen werden können

Dua

Bittgebet

Elhamdulillah

Lob sei Gott

Euzubillahimineşşeytanirracim Bismillahirrahmanirrahim

Ich suche Zuflucht vor dem verfluchten Teufel bei Gott. Im Namen Gottes, des Barmherzigen, des Allerbarmers.

Ezan

Gebetsruf

Fadjr

Morgengebet

Farz

hier: Pflichtteil beim Gebet

Ghussul

Ganzkörperwaschung

Güneş

Sonnenaufgang

Hitamas-Salah

Eine nahegelegte, aber freiwillige Vollendung des islamischen Pflichtgebets, bei der die Worte "Subhanallah", "Elhamdulillah" und "Allahu akbar" jeweils 33mal wiederholt werden.

Hoca

Vorbeter

İbadet

Gottesdienst

İhlas

Aufrichtigkeit

İkindi

Nachmittagsgebet

İmam

Vorbeter

İman

Glaube

Ischa'a

Mittagsgebet

Jelse

Wartezeit zwischen den Sedjdes

Kaaba

Die Kaaba liegt in Mekka. An jedem Ort der Welt betet man Richtung der Kaaba.

Kade-i Ahiret

Letztes Sitzen beim Gebet

Kade-i Ula

Erstes Sitzen beim Gebet

Kamet

Gebetsruf vor dem Pflichtteil des Gebetes

Kawm

Zurückbeugen von der Ruku-Stellung

Kıraat

hier: Position beim Gebet, in der man etwas liest

Kıyam

Stehende Position beim Gebet

Magreb

Abendgebet

Mekruh

Etwas, war zwar nicht ausdrücklich verboten ist, jedoch unerwünscht ist

Müsalli

Der Betende

Namaz

Das 5-mal-tägliche, rituelle Gebet

Niyet

Absicht, Vorhaben

Öğlen

Mittagsgebet

Rekat

Eine Einheit im Gebet, welches aus Stehen, Verbeugen und Niederwerfen besteht

Ruku

Verbeugung beim Gebet

Sabah

Morgengebet

Salah

Das 5-mal-tägliche, rituelle Gebet

Sedjde

Niederwerfen

Sehiv-Sedjde

Eine Niederwerfung, welches man macht, wenn man falsch gebetet hat

Selam

hier: Abschließendes Gruß, womit das Gebet beendet wird

Semiallahul'imen Hamideh ... rabbena lekel hamd

Allah hört den, der Ihn preist ... unser Herr, Lob sei dir

Shuruk

Sonnenaufgang

Subhanallah

Gepriesen sei Gott

Sunna

Tradition des Propheten

Sübhanerabbiyel a'la

Gepriesen sei mein erhabener Herr!

Sübhanerabbiyelazim

Gepriesen sei mein großer Herr!

Tahadjjudgebet

Spezielles Nachtgebet

Takke

Kopfbedeckung für Männer

Taravihgebet

Spezielles Gebet, welches im Ramadan abgehalten wird

Tekbir

Bezeugnis der Großheit Gottes

Tesbih

Erinnerung, Lobpreisung

Tesbihat

Eine nahegelegte, aber freiwillige Vollendung des islamischen Pflichtgebets, bei der die Worte "Subhanallah", "Elhamdulillah" und "Allahu akbar" jeweils 33mal wiederholt werden.

Teyemmüm

Reinigung ohne Wasser

Vitr

Ein Gebet mit 3 Rekat, welches nach dem Nachtgebet abgehalten wird

Wudu

Die rituelle Reinigung (Waschung), z.B. vor dem Gebet

Yatsı

Nachtgebet

Zekat

wörtlich: Reinigung. Eine Abgabe aus dem finanziellen Vermögen (zumeist am Ende des Ramadans) an bedürftige Menschen. Mit dieser Abgabe reinigt man symbolisch sein Vermögen. Nach islamischer Meinung ist eine Abgabe nur dann ein Zekat und keine Spende, wenn der Gläubige vor dem Akt die Absicht (Niyet) im Herzen vollzieht, d.h. nicht nur spricht.

Zuhr

Mittagsgebet

Ihre Meinung ist uns wichtig!
Für Fragen, Bestellungen, Anregungen und Kritik
schreiben Sie eine Mail an:
webmaster@misawa.de
Oder direkt an den Autor:
Cemil.Sahinoez@uni-bielefeld.de
www.misawa.de